島田秀平の
スピリチュアル
都市伝説

島田秀平

Gakken

島田秀平のスピリチュアル都市伝説

はじめに

スピリチュアルと都市伝説

子供のころから心霊やオカルト現象が大好きで、たくさんの怖い話や不思議な話、都市伝説にふれながら育ってきました。目に見えないものや、あったら面白いなというものに漠然と憧れがあったんです。

思い返すと、小学校のときの担任の先生が、なんと怪談マニア。一週間いい子にしていると道徳の時間にカーテンを閉めて教室を暗くして、怖い話をしてくれたんです。小学生なんてみんな怖い話が好きなので、先生の話を聞きたいがためにいい子にして、怖い話を聞いてはギャーギャー喜んでました（笑）。そこで聞いた怖い話をノートに書き溜めたりもしました。そのときから、怪談や都市伝説を人に話して聞かせることは、ライブであり、エンターテインメントだと、うっすら思っていたのかもしれません。

漫才で人を笑わせるお笑いも、ドキドキさせる怪談も、相手の心を前向きにさせる手相見やパワースポットの紹介も、僕のなかではつながっています。

コンビを解散して手相芸人としてお仕事をする中で、年末年始は占いやパワースポットなど「スピリチュアル系」のお仕事が増え、夏になると心霊や怪談にまつわる「都市伝説系」の仕事が増えるなど、一年を通して、不思議な世界はいつも僕の周りにあるものです。

都市伝説や怖い話、芸能界の噂話を芸人さんやアイドルと語り合う「首都神話」というライブイベントを、もう10年以上、続けています。

そんな僕に、若いころから愛読していた月刊『ムー』さんから「『ムー』で連載をしませんか?」というお話をいただきました。もちろん断る選択肢はまったくありませんでした。

2014年1月号からスタートした連載の内容は、手相やパワースポット、数秘術を軸にした開運法、古今東西の都市伝説や偉人・芸能人にまつわる不思議な話、陰謀論、怪談や怖い話など、なんでもあり（笑）。

自分が、よくいえば好奇心旺盛、悪くいえば雑食であることがよくわかります。でもそこには、科学的に証明された「１００％の真実」ではないからこそ、人の心を揺れ動かして、いつまでも心に残るという共通点があると思います。

このなんでもありの内容を、一冊にまとめたのが、この本です。

今の僕を構成するものがすべて詰め込まれた、集大成になりました。

ボリュームたっぷり、バラエティに富んだ内容になっていますので、目次を開いて、気になる見出しがあったら、そこから気軽に読んでいただけたら嬉しいです。

島田秀平

目次

1 強運カリスマ伝説

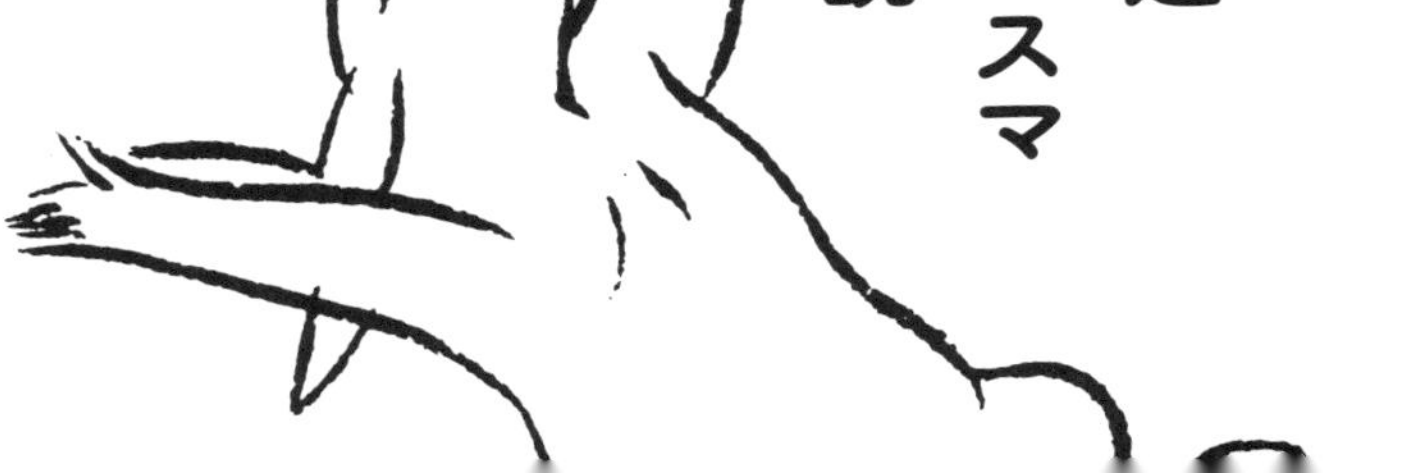

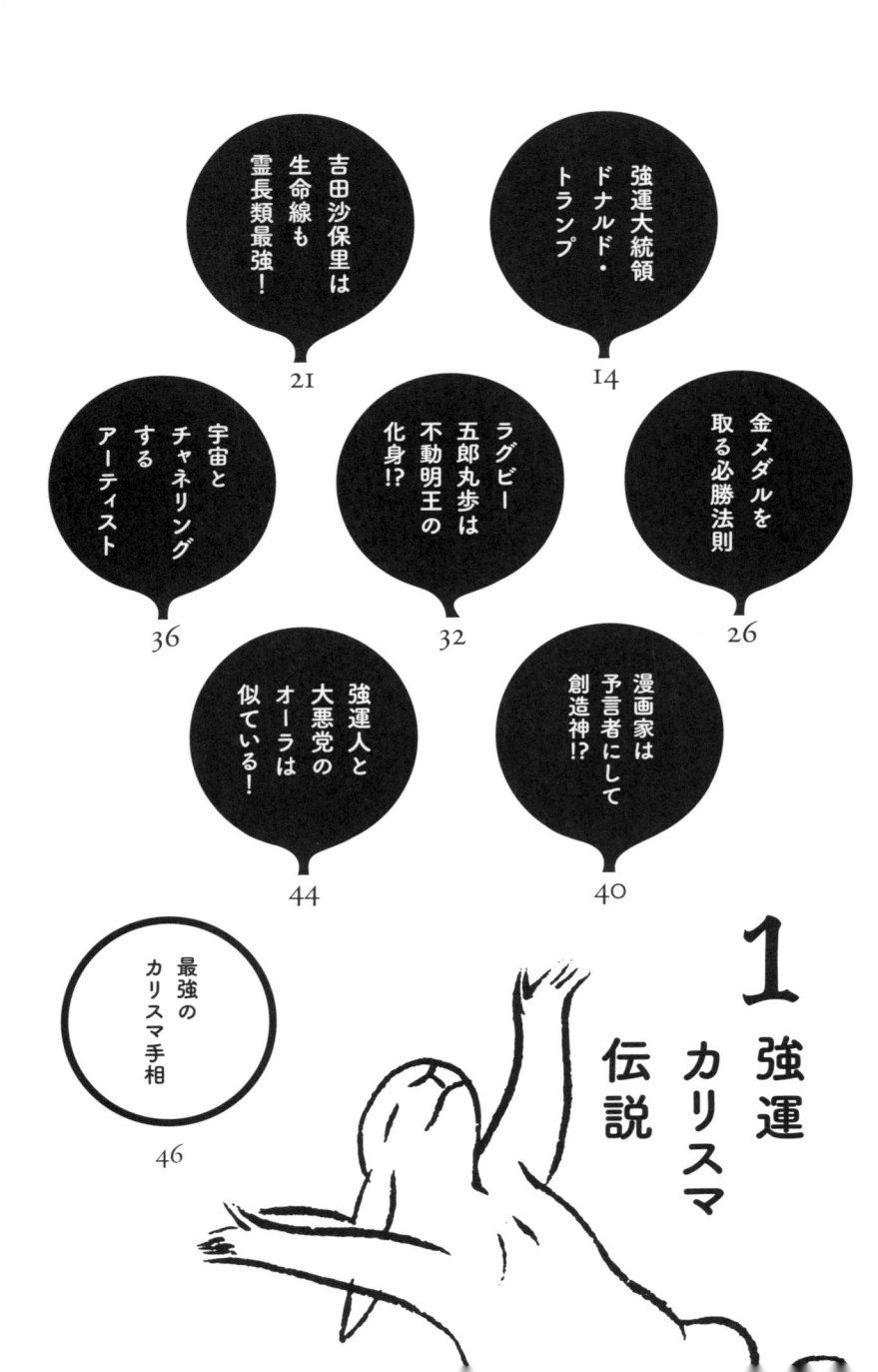

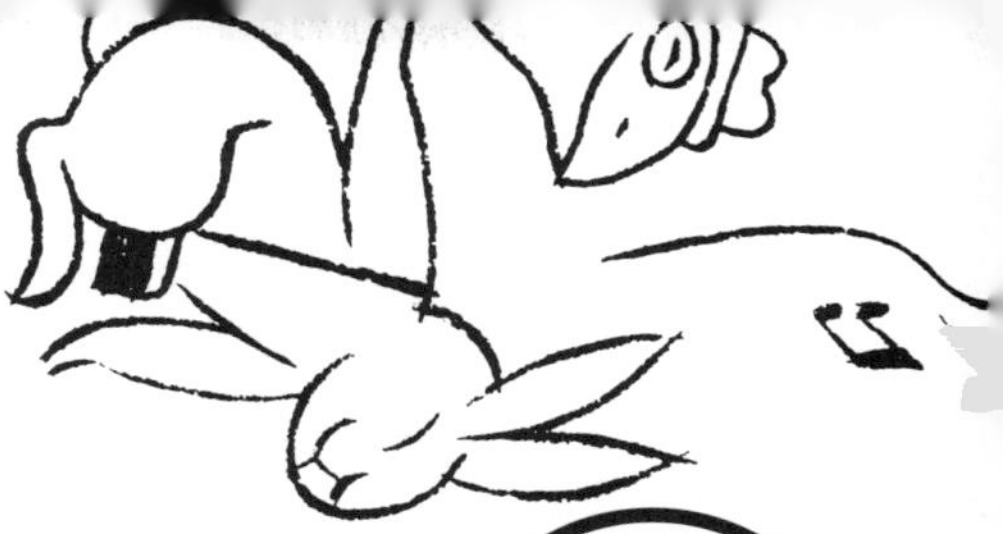

2 めくるめくパワースポット秘話

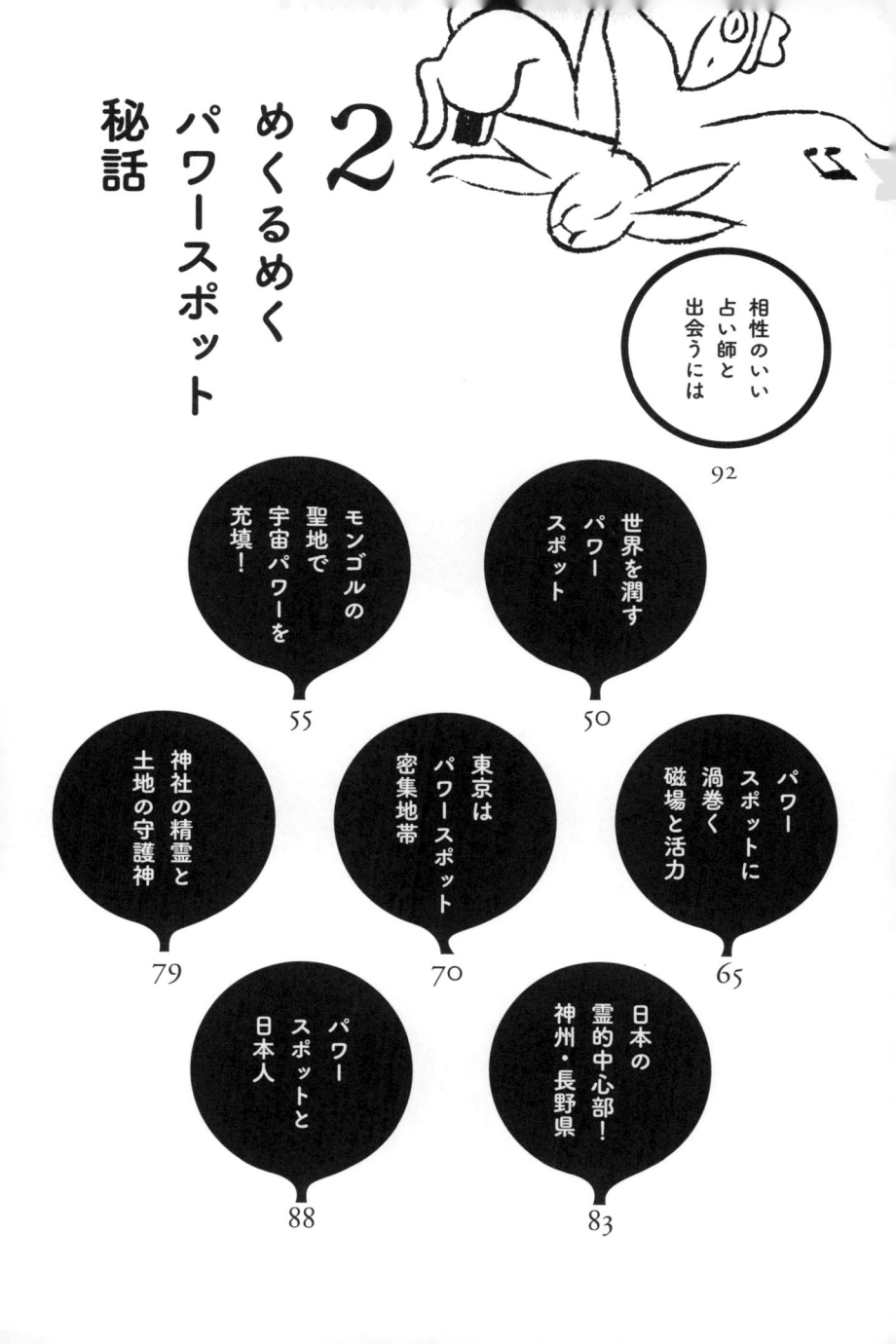

3 現実に起きたリアル怪談

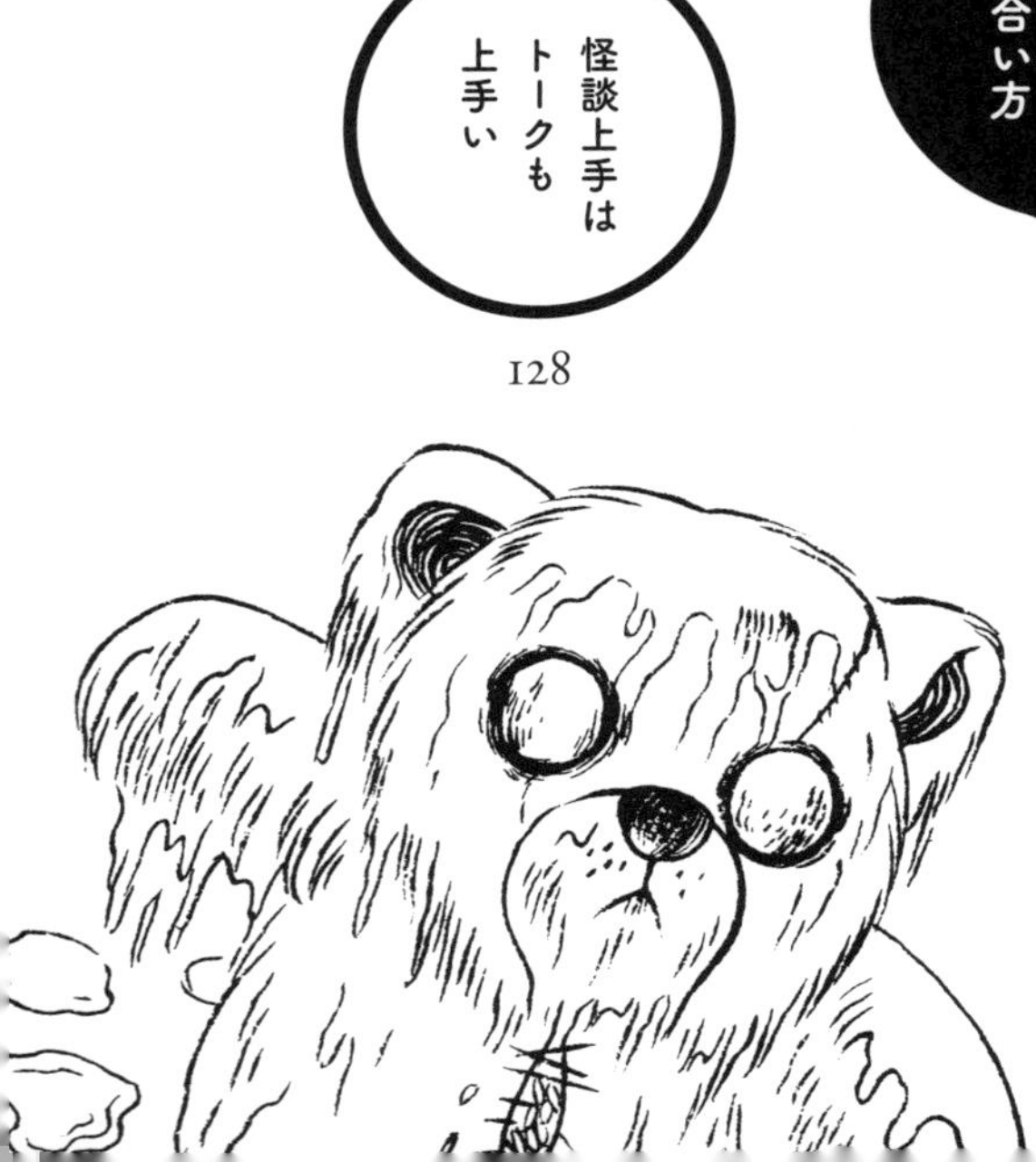

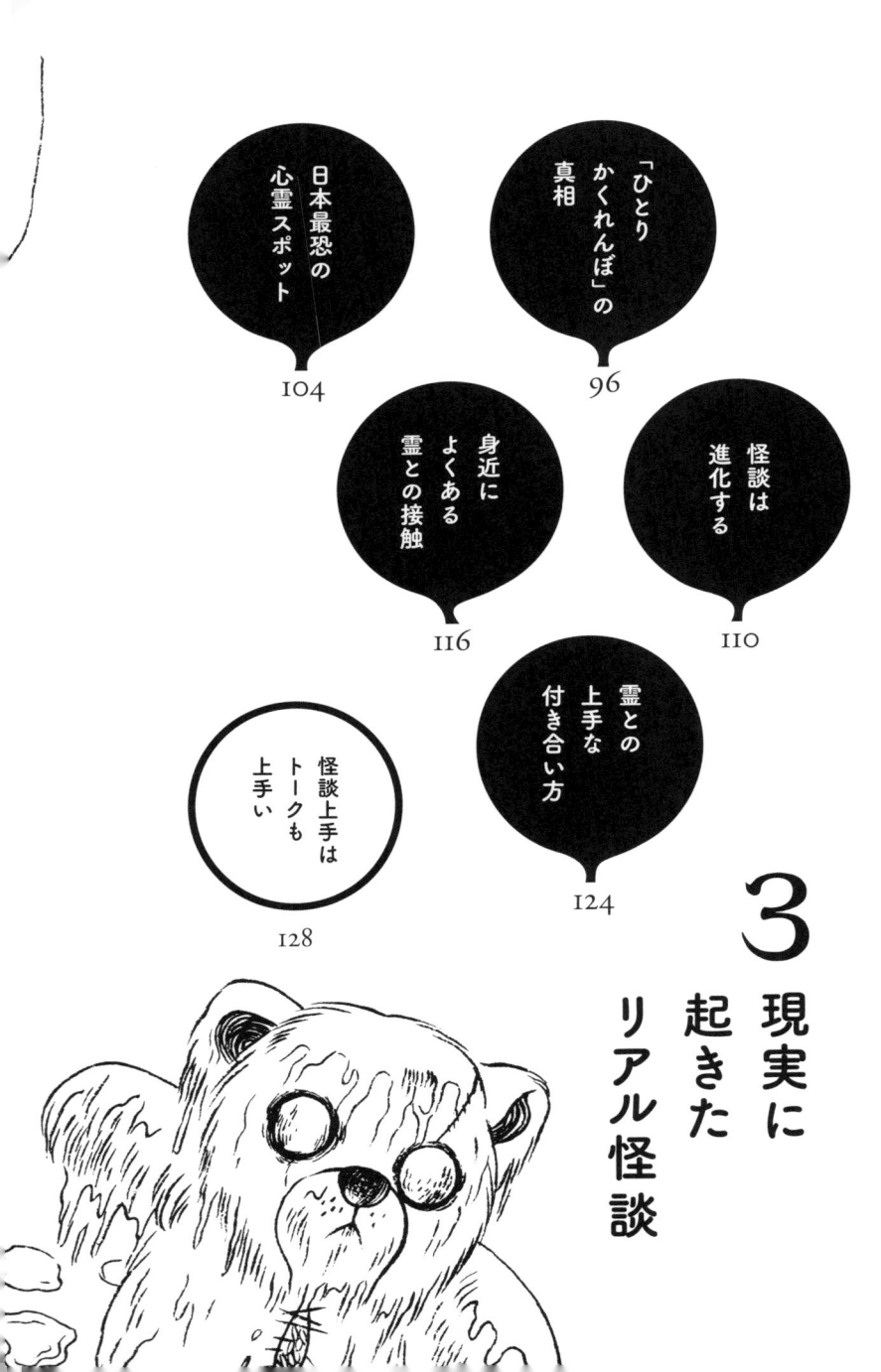

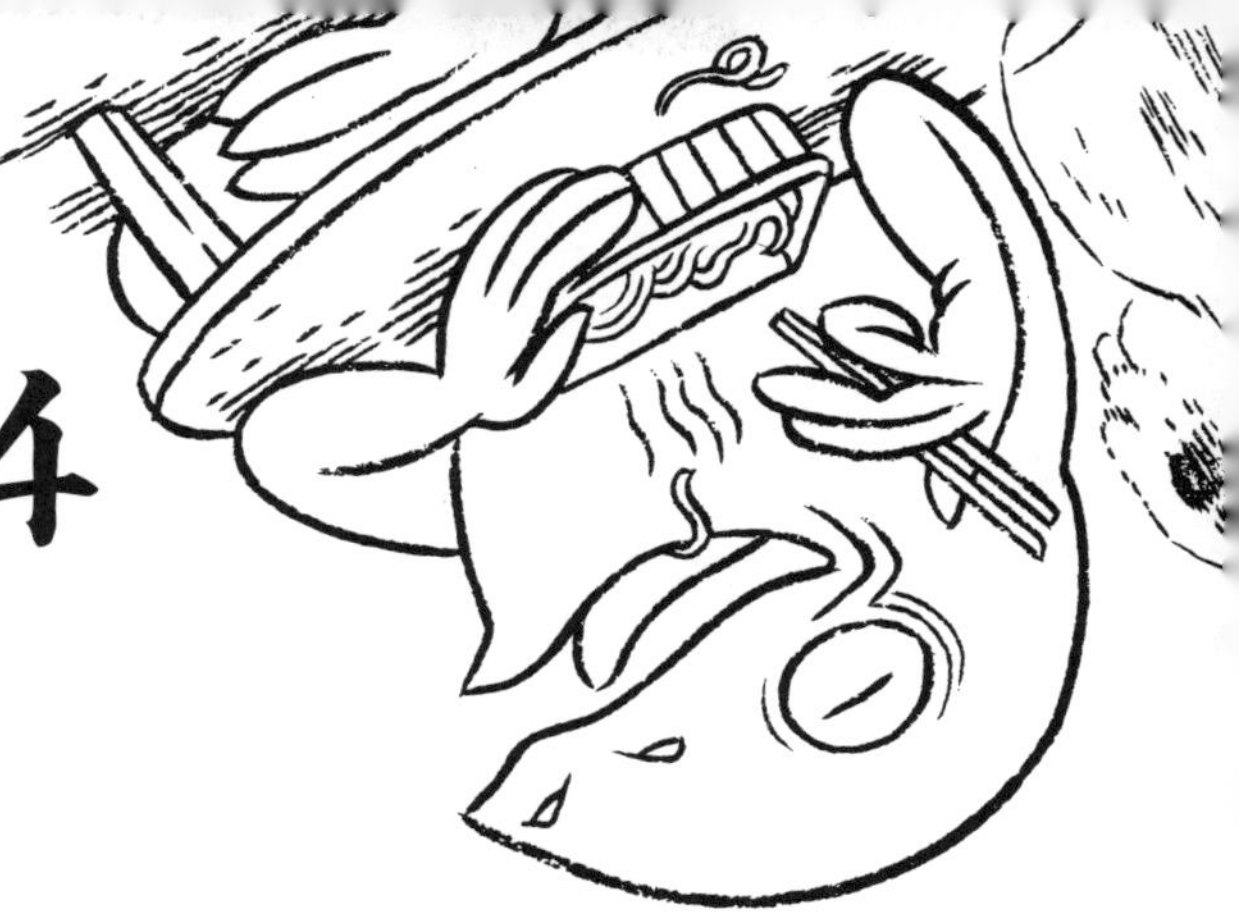

4 お部屋探しの危ない噂

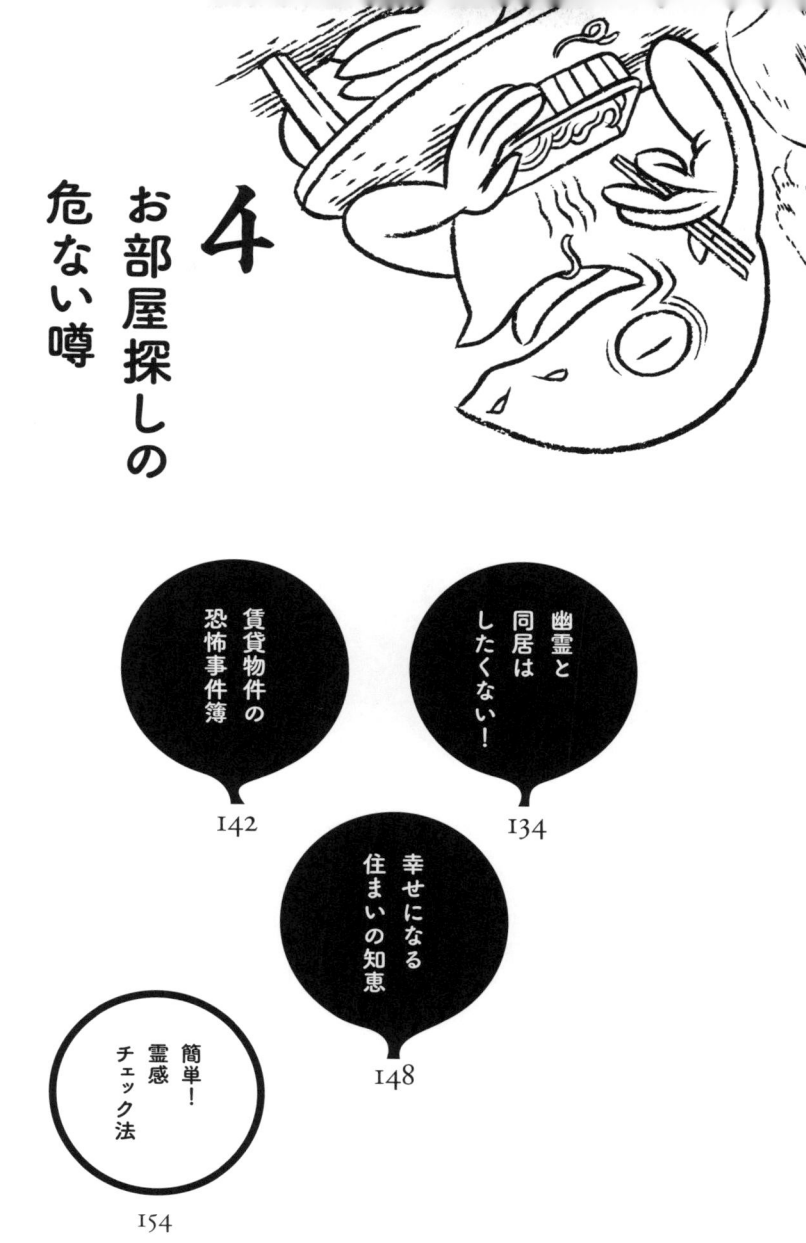

5 数字と暦のラッキー・ジンクス

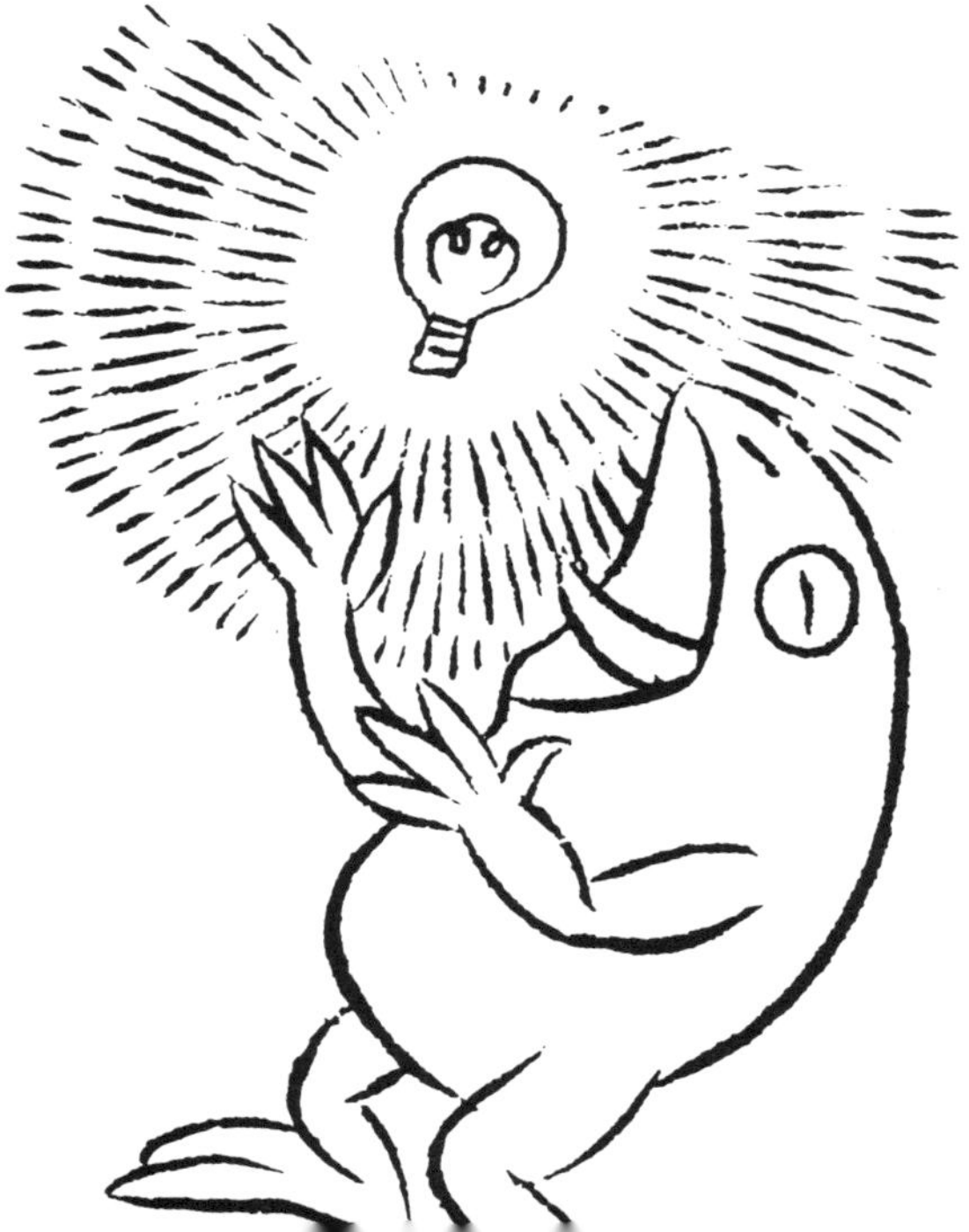

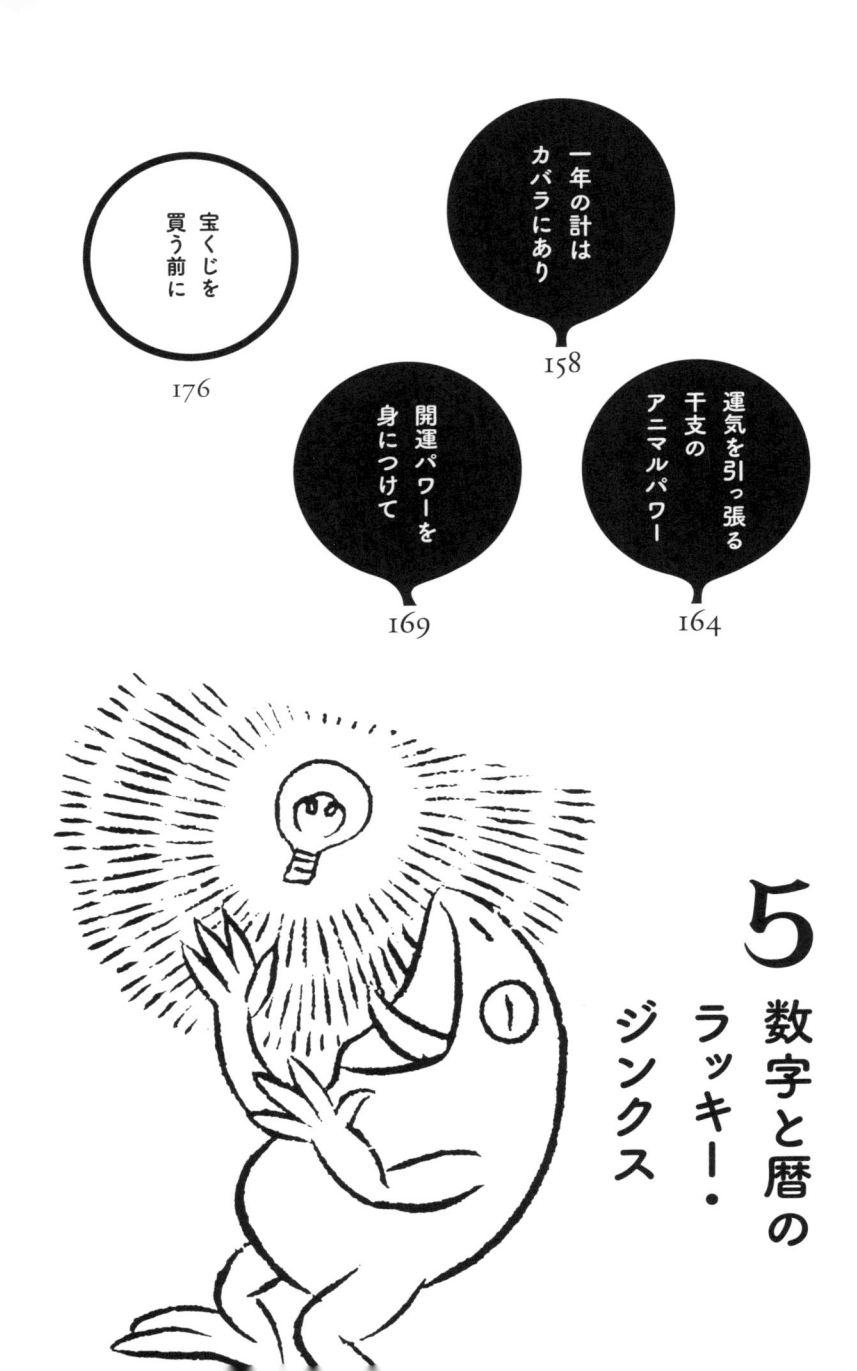

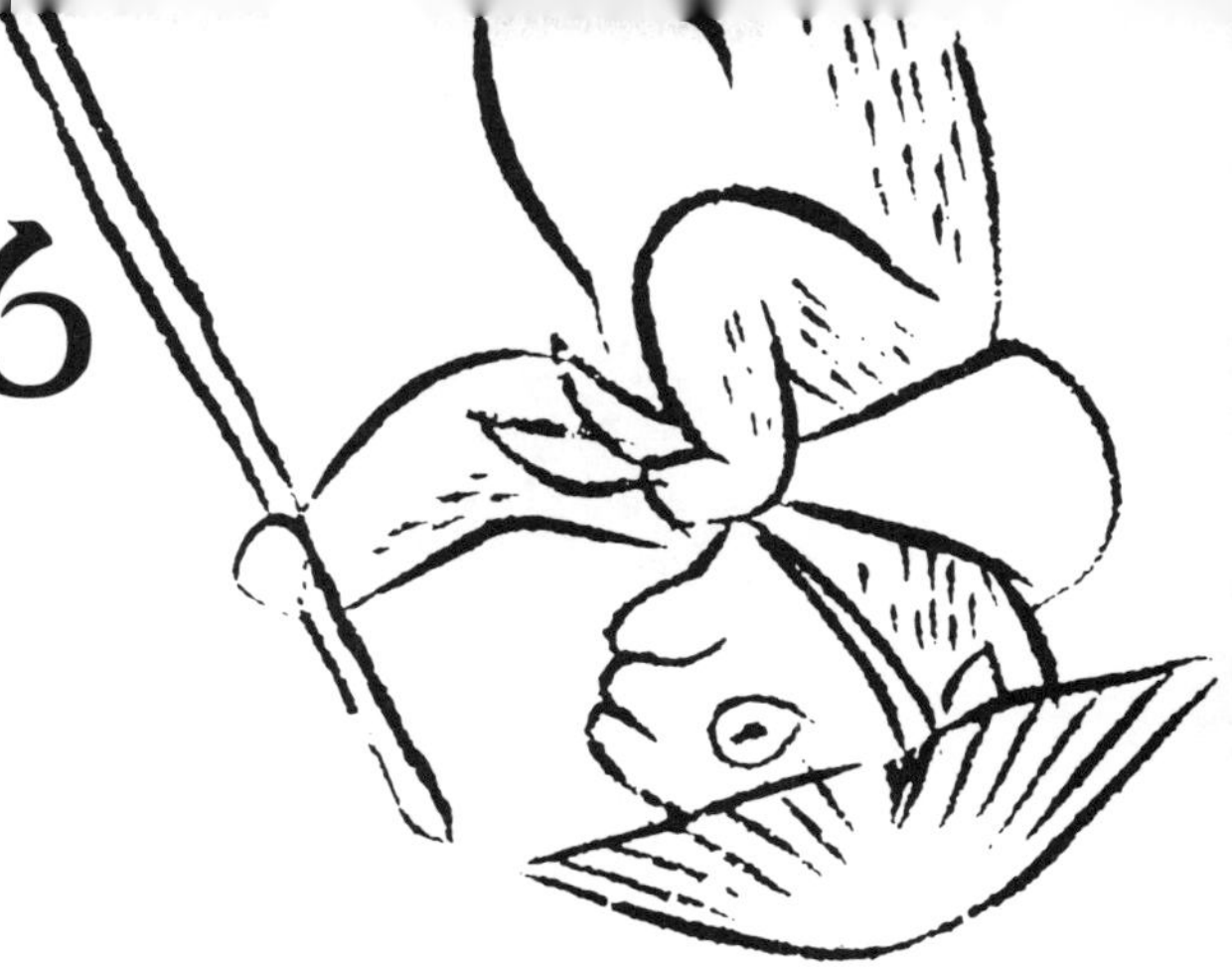

6 スピリチュアル自分磨き

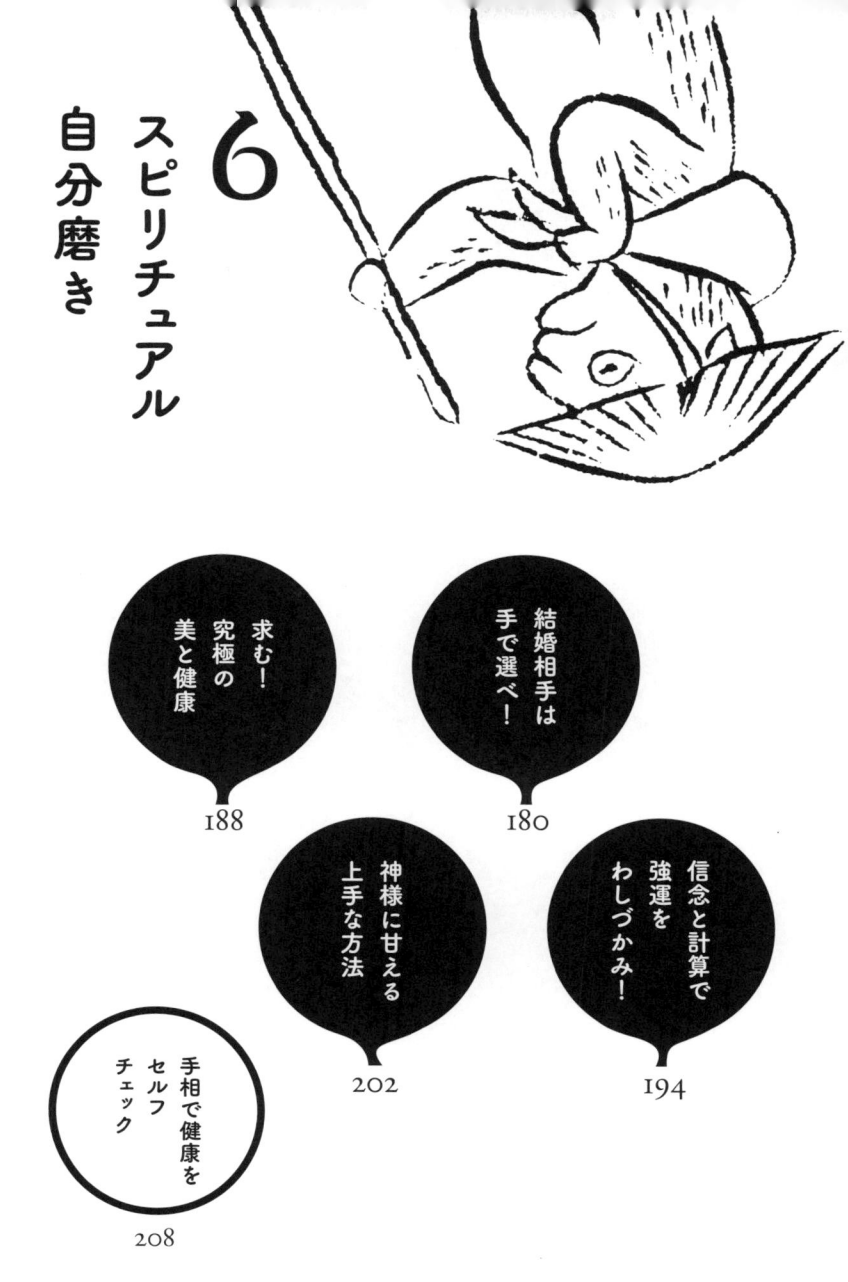

7 都市伝説は世界を動かす

ブックデザイン　辻中浩一
挿絵　石黒亜矢子
撮影　小澤正朗
構成　須永貴子
DTP制作　株式会社 明昌堂
編集制作　望月哲史
協力　髙田敏之（ホリプロコム）
SPECIAL THANKS　菅野鈴子（原宿の母）
並木伸一郎

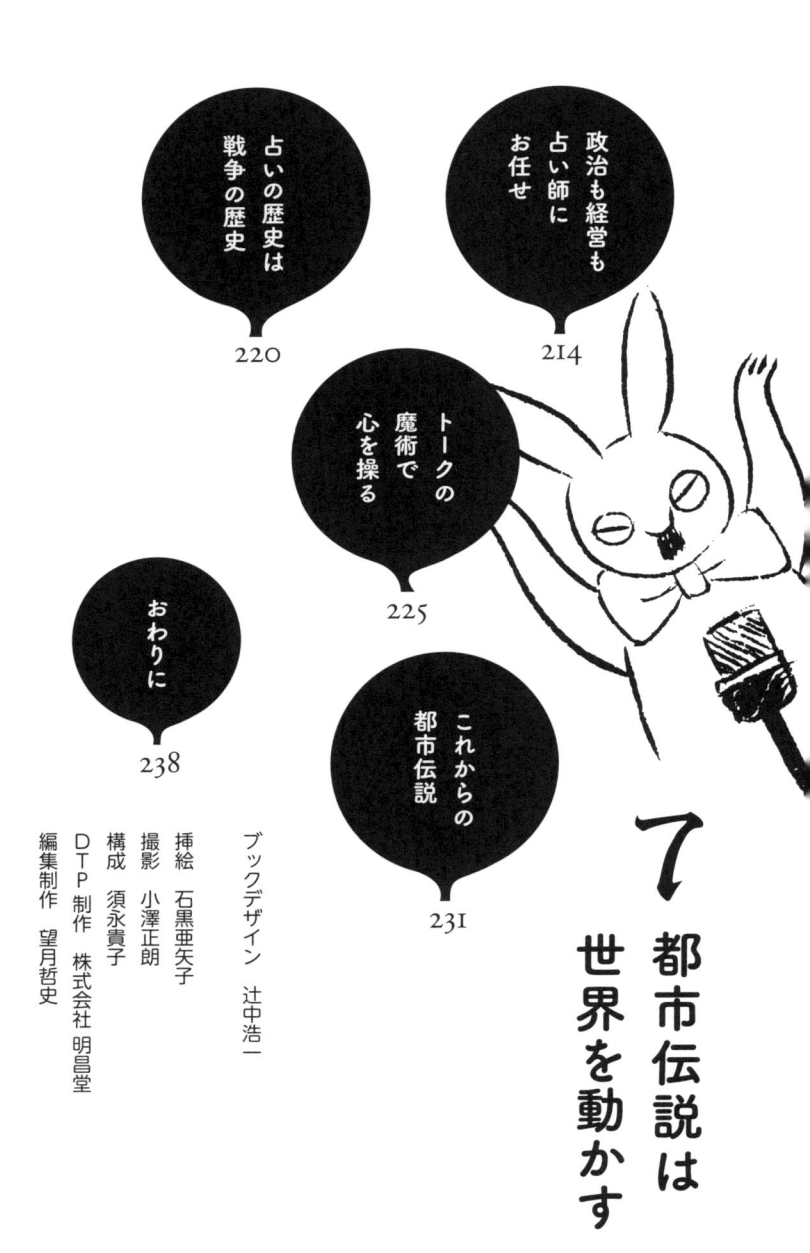

1

強運カリスマ伝説

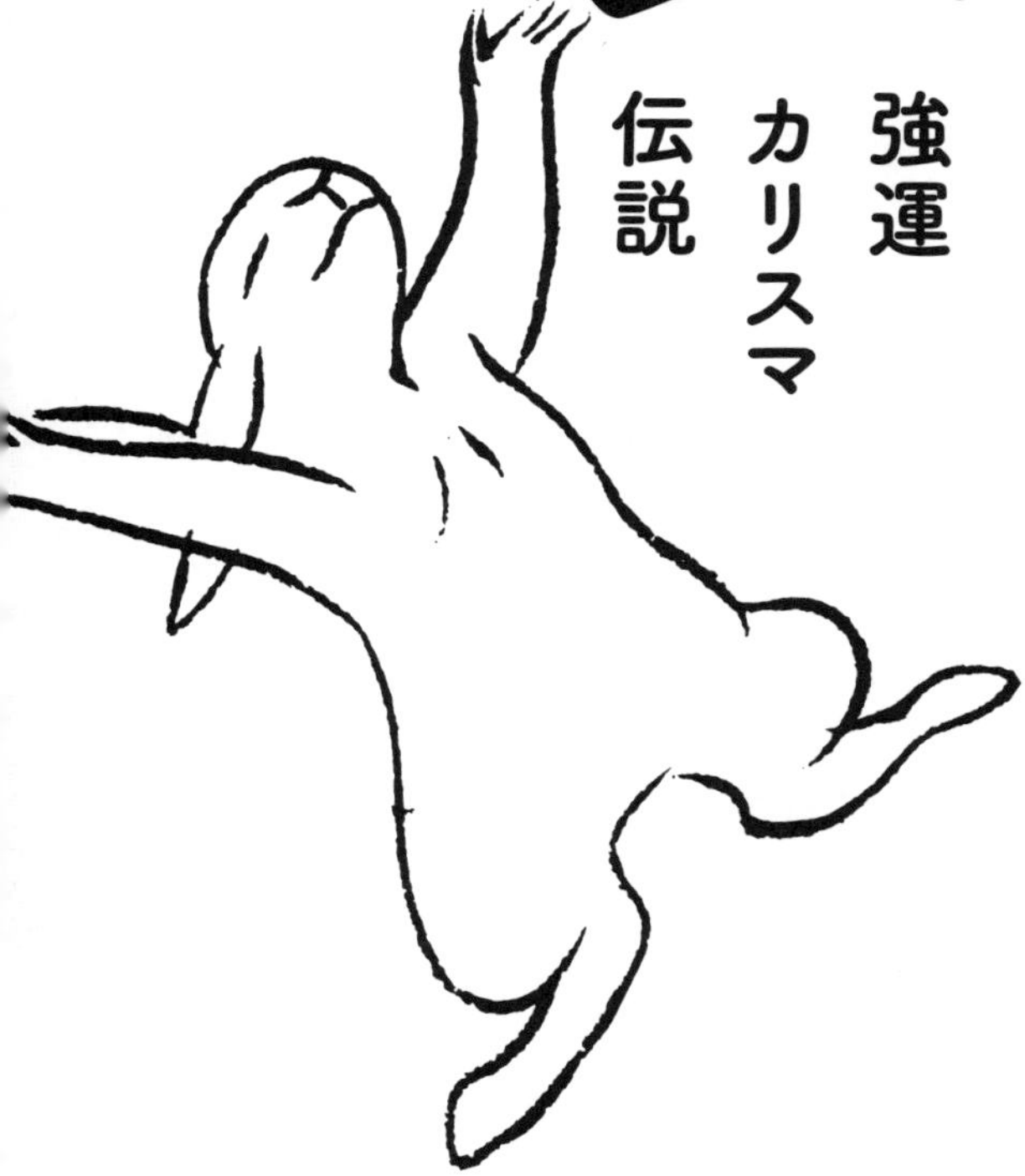

強運大統領 ドナルド・トランプ

好調だけど政権運営は乱気流

世界最大の経済力と世界最強の軍隊を有するアメリカ合衆国の大統領は、地球上で最大の権力者です。２０１６年のアメリカ大統領選挙の結果、民主党のバラク・オバマから共和党のドナルド・トランプへ政権が移りました。選挙前、いや、開票速報が出るまでの下馬評では、対立候補だったヒラリー・クリントンの優勢が報じられていましたが、結果はさにあらず。アメリカ初の女性大統領候補は敗れ去りました。

得票数で２００万票もリードされたにもかかわらず勝ててしまったことや、かねてから掲げていた排外的な放言を実行に移そうとする過激な政策により、大統領就任後のトランプ大統領には国内外から不満や批判が集まっています。ともあれ２０２０年までの任期の間、世界はトランプ大統領に注目せざるをえません。

アメリカ国内の潜在的な不満をすくい取ったことで当選したと分析されるトランプ大統領ですが、占い業界の視点でも、民衆の心をつかんだポイントが見えてきます。

選挙戦終盤、トランプは共和党のイメージカラーでもある赤いネクタイを締めていました。２０１６年のラッキーカラーはまさに赤。ラッキーカラーは東西の占星術や風水など、各種の占いで求め方が違うのに、不思議と一致するんですね。それが２０１６年は赤だったんです。そして、２０１７年のラッキーカラーも引きつづき赤で、そして黄色も加わっています。髪の色が黄色いトランプ大統領が赤いネクタイをつけていれば、強運がついてまわるかもしれません。

報道などで手のひらの写真を見ると、手相も非常にいいんですよ！　生命線が２本ある「二重生命線」は

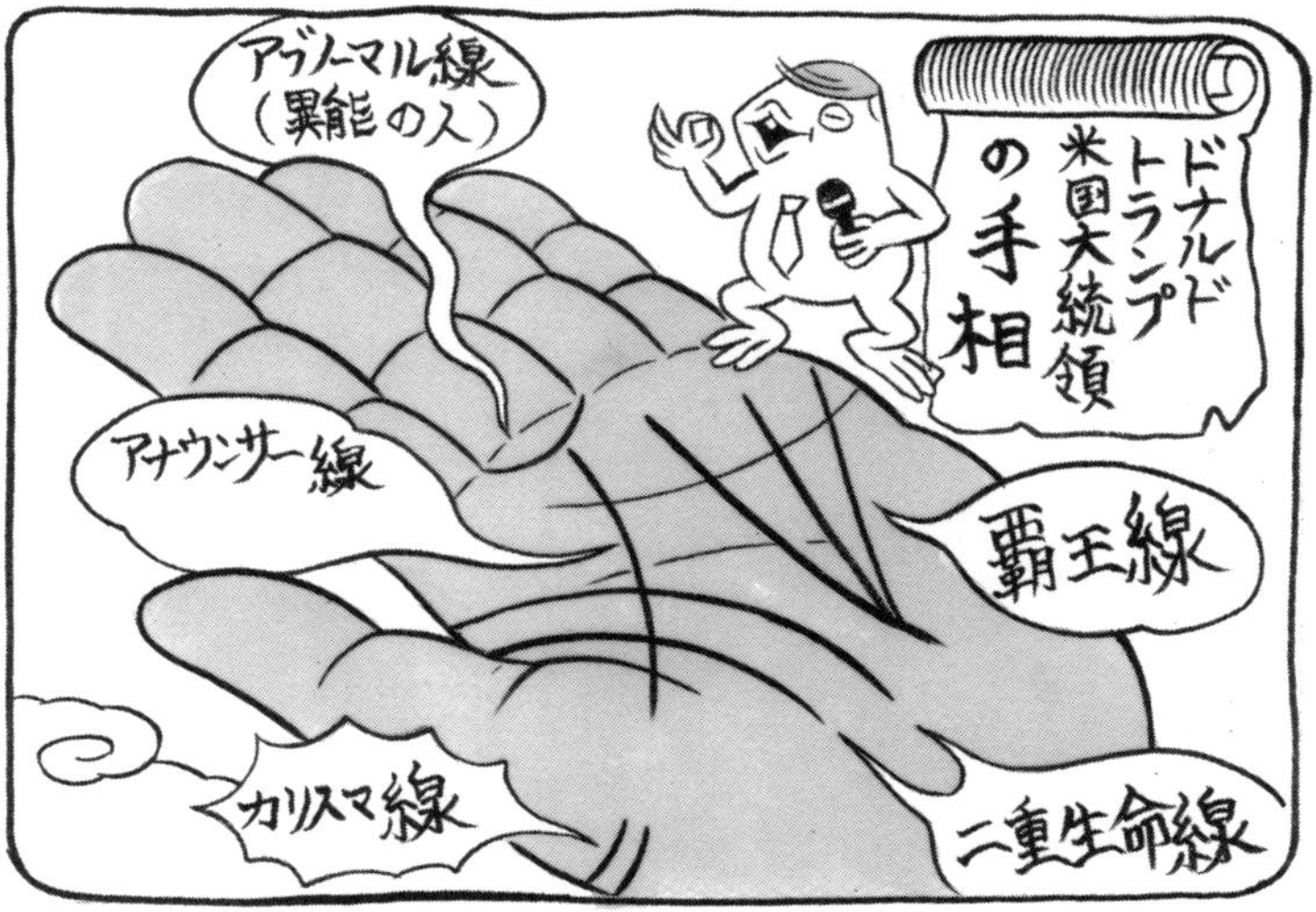

タフな証拠。さらに人を魅了する「カリスマ線」、演説上手の「アナウンサー線」もある。そしてさすが不動産王、しっかりと億万長者の線である「覇王線」が出ています。面白いのは「アブノーマル線」もあるんですね。この線は変態、変人を意味するわけではなく、他の人とは違う感性の持ち主であり、ユニークな発想ができる人ということ。今までの政治家にはない、実業家ならではの政策に期待が集まるのも納得です。

また、簡略的ながら生年月日をカバラ数秘術でみると、1946年6月14日生まれのトランプ大統領は仕事運が良好。偉業を成し遂げる星のもとにあります。ただ、自我が強くプライドが高すぎる。そして、熱しやすく冷めやすい。任期中に支持率が下がって、風当たりがさらに強まった場合は、もしかすると逃避行に走ってしまうかもしれません。

2017年以降も強運が続きそうなトランプ大統領ですが、運気がよすぎると反動も怖い。宝くじに当たった人が交通事故に遭ってしまうように、人とは違う極端な目に遭いがちです。さすがに暗殺までは、ない、と思いたいですが……。

ブルガリアの予言は外れたのか？

トランプの未来に関する、予言がいくつかあります。

選挙前から話題になっていたのが、ブルガリアが国家的に認定している予言者ババ・ヴァンガの予言です。ババ・ヴァンガは１９９６年に亡くなっていますが、その予言は的中率85％以上とされ、生前は政府の顧問を務めていたほど。彼女が遺した予言の数々はブルガリア国家機密として厳重に管理されているそうです。事実、没後も、２００１年のアメリカ同時多発テロや、東日本大震災と原発事故、過激派テロ組織ＩＳの台頭などの予言が現実のものになっています。

そのババ・ヴァンガが遺した予言に、アメリカ大統領に関するものがあります。

「第44代アメリカ大統領が黒人で、彼が最後の大統領になるだろう」と……。

トランプ大統領が正式就任した今、この予言は外れたと見ることもできます。ただ、通常は2期連続で務めることが多い大統領の任期をトランプがまっとうできるのか、不安はあります。

任期の途中で災厄が？

トランプ大統領の今後を危惧する予言はまだあります。

それは「テカムセの予言」です。テカムセは北米の先住民ショーニー族のリーダーで、強力な呪術の力を持っていました。1811年に北米大陸に侵出した白人によって領土を奪われたテカムセは、白人たちに呪いをかけたといわれています。

それは1840年に大統領に選出されたハリソンが、就任後1年で肺炎が原因で死亡したことに始まりました。以後、1860年選出のリンカーンと1880年選出のガーフィールドと1900年選出のマッキンリーが任期中に暗殺され、1920年選出のハーディングと1940年選出のルーズベルトが任期中に病死。そして1960年選出のジョン・F・ケネディの暗殺で、この「アメリカ大統領は20年おきに変死する」呪いの恐ろしさは世界に知られるものになりました。

さすがに対策が強化されたのか、1980年選出のレーガンと2000年選出のジョージ・W・ブッシュは暗殺未遂にとどまっていますが、テカムセの呪いはまだ継続中といわれています。となると、次なる呪いの年は2020年。米国大統領は2期8年で任期満了となります。つまり、トランプは第45代大統領になれたとしても、2期目に突入した途端に呪いが発動すると読み解くことができるのです。

また、アメリカの人気アニメ『ザ・シンプソンズ』も、2003年に放送したエピソードでトランプ大統領を予言しています。2030年のアメリカは、任期を終えるトランプ大統領の政治手腕の低さにより、財政破綻の危機にある。そこでシンプソンズ家の長女リサがアメリカ初の女性大統領となり、国を立て直すという内容です。

ヒラリー・クリントンは大統領選挙の敗北宣言スピーチの中に、すべての支援者に感謝を述べつつ、若い女性たちへ次世代を託すメッセージを含めました。2020年、そして2030年に向けて、この「予言」がどうなるか、見守っていきたいと思います。

日米関係を取り持つ相性とお香のパワー

過激な自国中心主義を貫くトランプが当選すると、正式就任を待たず、日本の安倍晋三首相は我先にと会いにいきました。その際に54万円のゴルフクラブをプレゼントし、その後の日米首脳会談でもゴルフ外交を重ねて親密さをアピールしています。

占ってみると、安倍さんにとってはオバマよりもトランプのほうが好相性という結果が出ました。トランプ政権の間、日本とアメリカの関係性はさらに強まり、日米同盟はより強固なものになっていくでしょう。世界的な紛争に巻き込まれないように、うまく付き合ってほしいものです。

実はトランプ大統領、占いによると「匂いフェチ」と出ています。ゴルフクラブもいいんですが、ぜひ、日本のお香や白檀《びゃくだん》などを贈ることをおすすめします。

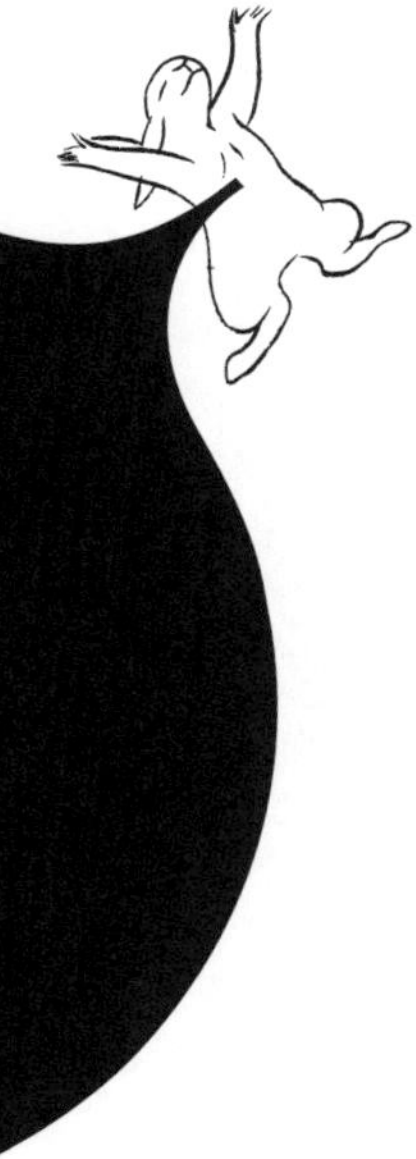

強力な生命線で周囲も盛り上げる

スポーツ界でのカリスマといえば、霊長類最強の女、女子レスリングの吉田沙保里さんでしょう。吉田さんの手相の特徴は、なんといっても生命線です。

みなさんよく誤解されていますが、生命線は長さよりも本数が大事。さきほどご紹介したトランプ大統領のように2本入っている「二重生命線」だと生命力が2倍あってパワフルな運勢だといわれています。その上を行くのが黒柳徹子さんや西川きよし師匠、プロ野球だと、連続イニング・連続試合フルイニング出場数の世界記録保持者である金本知憲さん、最多試合出場数の記録を持つ谷繁元信さんなどで、なんと生命線が3本もある「三重生命線」の持ち主です。

ところが、吉田さんはさらにさらに上をいく「四重生命線」を持っているんです。僕はこれまで3万人以上の手相を観てきましたが、「四重生命線」は彼女だけ。手相もやはり、霊長類最強です。

そして注目すべきは小指側の手首の上のところにある「オタク線」。これは好きなものにとことん打ち込む努力家の手相でもあって、吉田さんにかぎらず、ダルビッシュ有さんなど一流アスリートによく見られる線です。自分の好きなスポーツに脇目もふらず没頭して頂点を目指して突き詰めるために、オタク的な資質が必要だというのはしっくりきます。

日本を支えた「あげまん」パワー

2016年のリオデジャネイロ五輪で、吉田さんは日本選手団の主将を務めました。吉田さん個人は4つ目の金メダルを逃してしまいましたが、リオで日本選手団が活躍できたのは、彼女の涙と引き換えだったのかもしれません。その理由は、手相や運命数からも推察することができます。

まず、2016年の吉田さんを数秘術で見ると、「人を優先して自分が後回しになる運勢」に当たる運気でした。数秘術については5章でも説明しますが、9年サイクルで巡る運気の流れにおいて、彼女の2016年は「奉仕」の年だったわけです。さらに手相では、きれいな「あげまん線」が出ているんです。これも周囲を盛り立てる気質を表しています。

日本選手団の主将になると金メダルが獲れないというジンクスもささやかれていましたが、これらの「奉仕」の運気を、もともとサービス精神が旺盛で後輩の面倒見がよい性格が後押ししていたのかも。

いずれにせよ、吉田さんがリオ五輪日本選手団にとっての幸運の女神だったことは間違いないでしょう。女子バドミントンや体操男子、卓球や柔道など、世界を相手に物怖じせず、のびのびと力を発揮する若い選手の成長が目立ち、そして日本が史上最多のメダ

吉田沙保里の手相
周りをもりあげる「あげまん線」あり
生命線が4本!
五輪後にモテ期到来の手相が!!

ルを獲得できたのは、吉田さんの「あげまん」パワーだったのかもしれません。

そのリオ五輪で、吉田さんの世界大会連覇を16で、連勝記録を206で止めたのがアメリカのヘレン・マルーリスさん。彼女は吉田さんに憧れてレスリングを始めて、世界の頂点に昇り詰めました。人は、憧れの人に近づきたいからがんばれる。最強のマルーリスを生み出したのも吉田さんの存在があったから。つまり、吉田選手は女子レスリング界全体を支えている存在だといえるのではないでしょうか。

2020年の東京はブルーで躍進！

リオ五輪の後に吉田さんの手相を観たら、「モテ期到来線」が出ていました。2020年の東京五輪に向けて現役続行と日本代表のコーチ就任を表明していますが、それまでに素敵な出会いがあるかもしれません。友人関係の延長や、職場や学校、身近な人に縁がありそうです。この運気をお伝えしたら、ご本人だけでなく、彼女を慕う登坂絵莉さんが当事者以上に喜んでいました。

ただ、吉田さんはものすごくせっかちで猪突猛進。好きになると相手の気持ちが高まる前にタックルを仕掛けて引かれてしまう傾向にあるようです。レスリングの間合いは上手ですが、恋の駆け引きは苦手なのかも。

オリンピアンで手相が印象的な選手といえば、重量挙げの三宅宏美さんです。手のひらが豆だらけで、手相がほぼ認識できなかったんです。3万人以上の手相を観てきて、吉田さんが唯一の四重生命線だとしたら、三宅さんは、唯一の判定不可能な手相をもつ人物ともいえそうです。

また、カンボジア国籍を取得してマラソン代表となった猫ひろしさんは、やはりというか、旅に出ると運気が上がる「旅行線」がすごく長い！ そしてさすがの「三重生命線」。カンボジアも若手が育ってきているため、東京五輪に出場するのはかなり厳しい状態らしいのですが、がんばってほしいですね。

ちなみに、2020年のラッキーカラーは青です。サムライブルーがイメージカラーのサッカー日本代表チームの活躍が期待できますし、その他の種目も、ユニフォームやジャージ、愛用品などを青にするといいかもしれません。

金メダルを取る必勝法則

金メダルを生み出す神社

アスリートが神頼みをするほどの神社は、相当なパワーをもっていそうですよね。有名どころでいえば、和歌山県田辺市にある熊野本宮大社です。サッカー日本代表のユニフォームにも描かれている八咫烏《やたがらす》が祀られているこの神社には、日本サッカー協会のスタッフや選手たちが必勝祈願で参拝に訪れます。

リオデジャネイロ五輪でメダルラッシュに沸いた女子レスリングの選手たちが参拝して一躍有名になった、通称「金メダル神社」とは、愛知県大府市にある八ツ屋神明社のことです。

実はこの神社がある共和町は、２０１１年に「金メダルのまち共和」を宣言しています。１９９２年バルセロナ五輪柔道の金メダリスト吉田秀彦さんが通った大石道場が町内にあり、吉田沙保里さんや伊調馨・千春さん姉妹の母校である至学館大学が隣町にあったからだそうです。

リオ五輪前には、登坂絵莉さんと土性沙羅さんが必勝祈願に訪れ、結果を出しました。ここに行けば、選手たちが奉納した絵馬も見られるそうです。

さらに三重県鳥羽市にある神明神社は、女性の守り神の「石神さん」という祠がありますす。ここは、女性の願いだったらなんでも叶えてくれるパワースポットといわれています。同県伊勢市出身の野口みずきさんがアテネ五輪前に金メダルを獲りたいとお願いして、念願成就したことで、広く知られるようになりました。

なぜ女性限定かというと、海の近くにあるこの神社に、海女《あま》さんがお参りをして無事を祈ってから海に潜っていたことに由来しています。

名前にちなんだ神社で祈願

また、アスリートの名前にちなんだ神社も、パワースポットとしてご利益があるといわれています。フィギュアスケートの羽生結弦さんは、神戸市にある弓弦羽《ゆずるは》神社に自ら何度もお参りし、そのたびに絵馬を奉納しています。神奈川県小田原市にある錦織《にしこり》神社には、本人は参拝したことはないらしいですが、テニスプレイヤーたちが錦織圭さんにあやかってお守りを求めにいっているそうです。

俳優の故・高倉健さんは、福岡県岡垣町にある高倉神社のお守りを親しい人たちに配っていたそうです。そもそも、高倉健という芸名はこの神社にちなんで命名されたとか。今でも健さんファンの方たちが訪れて、名優を偲んでいるそうです。

神社は全国に10万以上が所在します。調べてみたら、自分と同じ名前の神社が見つかるかもしれませんよ。羽生さんや高倉健さんのように、そこを「マイパワースポット」にしてみてはいかがでしょうか？　自分の名前の入ったお守りを持ち歩くと、ご利益がありそうですよね。

氷上の金メダルは運命数で決まる!?

冬季五輪に目を向けると、日本のお家芸といえばフィギュアスケート。実は、フィギュアスケートの金メダリストについて、興味深い法則があるんです。

２０１４年のソチ五輪では羽生結弦さんとロシアのソトニコワさん、２０１０年のバンクーバー五輪ではアメリカのライサチェクさんと韓国のキム・ヨナさん、そして２０

06年のトリノ五輪では荒川静香さん。この3大会の金メダリスト6人中の5人の運命数が「33」なんです。

運命数とは、生年月日の各数字を足して算出するもので、その人の一生の運勢や性格を表すとされます。後述の一覧を参照していただきたいのですが、ここで強調したいのは、運命数がゾロ目になるパターン。通常はひと桁になるまで足していきますが、11、22、33はマスターナンバーとして、そのまま運命数となります。

マスターナンバーのうち、11は強運でスピリチュアルな力を備えた人が多く、たとえば美輪明宏さんや細木数子さんの運命数が11です。22はリーダーや指導者に多い運命数で、伊藤博文や坂本龍馬が22。そして、33は人々を魅了するカリスマ、スターの運命数なんですね。観客や審査員をいかに魅了するかが重要な競技において、カリスマの運命数をもつ人が優勝するというのは偶然にしては意味がありすぎますよね。

ということは、2018年の平昌五輪でも、やはり運命数33のカリスマが栄誉を勝ち取るのでしょうか?

運命数の算出方法

生年月日でわかる運命数の調べ方を教えます。

まず、生年月日を各数字にバラして、足し算してください。

その結果が、11、22、33以外のふた桁になったら、さらに各桁の数字を足してひと桁にしてください。

たとえば、僕は1977年12月5日生まれなので、

「1＋9＋7＋7＋1＋2＋5」＝32、「3＋2」＝「5」が運命数になります。

また、1988年7月13日生まれの方だと、

「1＋9＋8＋8＋7＋1＋3」＝37、「3＋7」＝10、「1＋0」＝「1」が運命数。

フィギュアスケートの羽生結弦さんは、1994年12月7日生まれなので、

「1＋9＋9＋4＋1＋2＋7」＝「33」。33は足さずに、そのまま運命数になります。

運命数が示す運気と性格

算出された運命数は、その人の基本的な運勢や性格を象徴するといわれています。ち

なみに、同じ運命数の人同士は「ソウルメイト」といい、魂のつながりがある、よい相性のだといわれています。ご自身の運命数のほか、気になる人の運命数もチェックするのも楽しいですよ。

【1】才能も運もあるが、ハートがやや弱く小心者。
【2】直感に優れるが、短気で他人の意見を聞かない。
【3】面倒見がよく感性も豊かだが、ストレス過多。
【4】勤勉で指導力も強いが、クールで人情に欠ける。
【5】マイペースで安定志向だが、恋愛は苦手。
【6】広く愛情をふりまくが、裏切りを許さない。
【7】パワフルで盛り上げ上手だが、傷つきやすい。
【8】こだわりが強く金運に恵まれるが、思考が極端。
【9】記憶力がよく天才肌だが、寂しがりやで浮気性。
【11】見えない世界に通じ、スピリチュアルな感覚に優れる。
【22】リーダシップに優れ、実行力や勝負運も強い。
【33】高いカリスマ性を備えるスター。宇宙的な感覚の持ち主。

ラグビー五郎丸歩は不動明王の化身!?

印を結んで動じない心を作る

２０１５年、ラグビーワールドカップで日本代表が強豪・南アフリカに劇的な勝利を収めました。その年の新語・流行語大賞にノミネートされた「ルーティン」「五郎丸ポーズ」を覚えているでしょうか。ラグビー日本代表の五郎丸歩さんがフリーキックを蹴る際のプレパフォーマンスルーティンで、独特の手の組み方が話題になりました。

僕の周辺のスピリチュアル好きは、あのポーズを見たとき、「マジか！」と驚きました。なぜなら、あの手の組み方は、不動明王の印と似ているんです。しかも、手を組みながら口も動かしている。あれはもしかしたら、不動明王の真言（マントラ）を唱えているのか、と。

想像を絶するプレッシャーや大勢の思惑が蠢くなかで、弱い心や邪念を振り祓い、迷いを打ち砕き、心願を成就させるために、不動明王の印を結んで真言を唱えるのはとても理に適っています。

もちろん、ご本人はルーティンをすることで体幹を意識し、キックしたボールの軌道を読んでいるといっていますし、手の組み方も実際には不動明王の印とも真言とも異なる、五郎丸さん独自の所作なのですが、ただの偶然ともいいきれません。

五郎丸さんは幼少期からのラグビー人生を一冊の本にしているんですが、その本のタイトルがなんと『不動の魂』なんです。そして、そこで語られているのは、揺るがず、動じず、周りを助け、自ら道を切り開くという人生哲学や信念。それは不動明王が司るものそのものです。あの印やパフォーマンスが本当に無意識なのだとしたら、五郎丸歩さんは不動明王の化身なのかもしれません。

そもそも印（ムドラー）は、両手の形で仏様が意思や状態を表すもの。たとえば密教での智拳印は大日如来の智慧そのものを形にしたもので、深い思索から行動に移る一瞬をとらえたものともいわれています。仕草としてはシンプルで静的な状態だけど、実は奥深い叡智や変化の前の一瞬を形にしているんですね。まさに「蹴る前の集中」に通じるものなんです。

トップアスリートのルーティン

スポーツ選手には、五郎丸さんのように、プレパフォーマンスルーティンを採り入れている人が多いんです。自分のなかで決めた一連の所作をすることで、集中力を高めて、身体の軸を正しく意識することで、持っている力を最大限に発揮する効果があるそうです。

有名なのは、イチローさんのバッターボックスでの一連の動きや、毎朝のカレーや試合後のマッサージなどでしょう。田中将大さんはフィールドに入るときラインを踏まないようにしているそうです。また、フィギュアスケートの羽生さんが演技前に十字を切るのも同じくルーティンです。

一方で、なんらかの理由でルーティンができなかったり、失敗したりすると不安になってしまうので、あえてルーティンをつくらないようにしているスポーツ選手もいます。何が起きてもオールOKの状態に自分を置いておくそうです。逆に調子が悪いときにルーティンを変えることで、悪い流れから脱するという方法もあります。いずれにしても、強靭な精神力が必要とされそうで、おいそれとは真似できそうにありませんが……。

スポーツ選手ではないですが、僕も本番前には必ずネクタイをキュキュっと締めることで、気持ちを引き締めています。そこでスイッチが入り、トークの滑舌がよくなる気がするんです。

急に出番が来てその所作をしそびれると、力を発揮できないままフワッと終わってしまう傾向があります……。と、これはただのいい訳でしょうか？

ミュージシャンは神秘家だらけ

カリスマと呼ばれる人は音楽業界にも多くいます。スピリチュアルの世界で活動する方は、最終的に音楽方面に進むことが多いといわれています。美輪明宏さんはシャンソン歌手としてずっと活動されていますが、江原啓之さんもコンサートをやられています。元格闘家の須藤元気さんは、WORLD ORDER（＝世界の秩序）という意味深なユニット名で、音楽パフォーマーとしての活動もしています。

もともとミュージシャンの方にもスピリチュアルな世界に造詣が深い方がたくさんいます。テレビ番組やファンクラブイベントなどでミュージシャンの手相を観る機会が多いのですが、面白いことに、ほとんどの方に、「神秘十字線」（155ページの挿絵も参照）が入っているんです。「神秘的な才能を持っていて直感型、インスピレーションが鋭いタイプですね」というと、みなさん「そうだと思います」と納得されます。

そもそも音楽とスピリチュアルの世界は、古より親和性が高い。

「音楽」はかつて「音学」であり、数学や哲学を学んだのちにたどり着く最高峰の学問だったそうです。歌の語源が「うったえる」から来ているところからも、歌い手は人々に何かを訴え、伝える役割を担っている。もともとは神と繋がる、巫女やシャーマン、イタコのような役割だったのでしょう。

曲を作る方がよく「降りてきた」「降ってきた」と表現します。谷村新司さんの『昴―すばる―』はまさに「降りてきた」曲ではないかと、長年噂されてきましたが、まさに谷村さんは著書『谷村新司の不思議すぎる話』で、『昴』をプレアデス星からメッセージを受信して一気に書き上げたと述懐しています。その後、どんどんスピリチュアル世界にのめり込んでいった結果、最近では「知りすぎてしまい、話せることがないんです」とおっしゃるまでになっているそうです。

ミュージシャンがチャネラーだと考えると、彼らの作品にはその時代に知るべきことが暗号のように隠されているかもしれません。そう考えると谷村さんの楽曲にも、「話せないけれど伝えたいこと」が込められている可能性は多いにあります。

音を使って心理を操作する

音楽で人間の心を操る鍵のひとつが、周波数です。人間の耳には20〜2万ヘルツの音しか聞こえませんが、20ヘルツ以下の音は知覚できないながらも脳には働きかけているんだそうです。心霊スポットではその超低周波音が発生しており、その音が脳に届くことによって人間が霊を見やすい状態になるという研究があります。

心霊現象が頻発するスポットに、鉄道の駅があります。

数年前、とある路線の運転手が線路で遊んでいる子供を目撃し、急ブレーキをかけたものの、子供の姿は消えたという事件がありました。乗客も子供の姿を目撃したのに、監視カメラには何も映っていなかったのです。実はこのような事例は全国で複数発生しています。電車が通り過ぎるときに、この20ヘルツ以下の音の音が発生し、心霊現象が起こりやすくなるという説があるんです。音が霊を招いたのか、音によって集団的に霊現象を体験してしまうのかまではわかりませんが……。

逆にいえば、音楽に意図的に超低周波の音を入れることで、聴いている人がトランス状態に入りやすくなり、不思議なものを見る確率を高くすることは可能といえます。降霊術などの儀式には、そういったノウハウがあるのではないでしょうか。

癒しの音も周波数次第

癒やしの音ともいわれる周波数があります。脳が覚醒しやすくなり、不思議な現象が起きやすい音ともいわれているそれは、４４４ヘルツ。

日常生活でその周波数に一番近い音が何かというと、時報音です。「プ・プ・プ・プー」という時報の最初のプが４４０ヘルツで、最後のプーが2倍の８８０ヘルツ。あの時報をずーっと聞きつづけると不思議な現象が起きるため、心霊スポットで聴くのは危険だといわれています。

単純に考えると、この周波数を使えば、大衆が酔いしれる悪魔の曲を作れるかもしれません。

そういえば、あるお笑い芸人が時報音を使ってネタを作っていたことを覚えているでしょうか。それは、２００９年の「R―１ぐらんぷり」で優勝した中山功太さんです。時報音を流してから〝あるあるネタ〟をいうネタで見事優勝。あのネタは、まさに悪魔に魂を売って作り上げられたものなのでしょうか。

漫画家は予言者にして創造神!?

漫画家が無意識で描いた予言

アニメや漫画が未来を予言していることは少なくありません。

たとえば手塚治虫さんの『ブラック・ジャック』第１５８話には、６月18日午前８時に東北地方でＭ７・５の地震が起きる描写があります。約30年後の２００８年６月18日午前９時、Ｍ７・２の岩手・宮城内陸地震が発生しました。日付がそのまま、時刻や規模もかなり近かったのです。

また、荒木飛呂彦さんの『ジョジョの奇妙な冒険』第３部の描写も有名です。あるコマに「９１１」という数字と「飛行機」、そして「月」が描かれていました。月はイスラムのシンボル。つまりこれは２００１年９月11日に発生したアメリカ同時多発テロ事件を予言していたのだと話題になりました。

目下、注目されているのは、大友克洋さんの『ＡＫＩＲＡ』です。約30年前の作品ですが、２０２０年に東京五輪が予定されるも、大戦争が勃発し、作中では未開催に終わっているのです。この予言が当たらないことを祈るばかりです。

売れっ子の漫画家は感性が豊かな上、締め切りに追われてトランス状態になり、無意識に何かを受信し、それを予言として発表しているのかもしれません。

単独ライブ前の芸人が、ネタ作りに追い込まれるときの精神状態も近いものがあると思います。新ネタをライブで発表しつづけているバカリズムさんは、追い込まれると夢の中でネタができるときがあり、それをメモして使うことがあるそうです。脳のハードワークにより、ふだん使わない潜在能力が覚醒することは多いに考えられます。

キャラクターの手相にも意味がある

僕は手相観なので、漫画の登場人物の手のひらについ目がいってしまうのですが、キャラクターの個性と手相が、かなり一致していることが多いのです。

秋本治さんの『こちら葛飾区亀有公園前派出所』の主人公、両津勘吉は「生命線」がぐいっと張り出していて、身体が丈夫な両さんらしい。さらに漫画そのものが発行巻数最多の単一漫画シリーズとしてギネス記録を持っています。鳥山明さんの『ドラゴンボール』の破天荒な主人公、孫悟空には周囲を気にしない「KY線」が入っているし、悟空と奥さんのチチにはそれぞれ「おしどり夫婦線」が入っていたこともあります。

一番感動したのが、尾田栄一郎さんの『ワンピース』のモンキー・D・ルフィ。海賊王を目指すルフィの手にはなんと、天下取りの相「ますかけ線」が入っているんです。さらに、仲間と離れて2年間修行をして、レベルアップして再結集したときのルフィの手相には驚かされました。生命線が、修行の前よりも明らかに長くなっていたんです。

尾田先生は博学多才で、伏線を緻密に張り巡らせて作品を描く方。もしかしたら手相にもお詳しくて、キャラクターに反映させているかもしれない。そこで僕の頭に浮かんだのは、解剖学、数学、科学など様々な分野に詳しく、万能人の異名を持つ天才レオナルド・ダ・ヴィンチです。彼は、『最後の晩餐』を描くとき、例えば裏切り者のユダだったら、人相学にもとづいて嫉妬深くて嘘つきの人相に描いたそうです。そういう意味で、尾田栄一郎は平成のレオナルド・ダ・ヴィンチなのか……。

そんなことを思っていたある日、尾田さんと仲の良い辰巳琢郎さんにその話をしたら、「尾田っちに聞いてあげるよ」とその場で確認してくれたんです。

するとすぐに返信が。

「漫画のキャラクターの手相が気になるなんて、まさに職業病ですね（笑）。自分自身は、そこまで手相のことを思って描いていたわけではありません。ただ、ルフィに関しては、自分の手相を手本に描いていたので、自分自身があの2年間でレベルアップしたのかもしれません」

という驚きの事実を教えていただきました。

つまり、尾田栄一郎さんはレオナルド・ダ・ヴィンチの生まれ変わりというより、ルフィそのものと運勢を共有していることがわかったのです。

強い運気と強烈な人生

多種多様なカリスマについてご紹介してきましたが、運が強い人は何が違うんでしょうか。

オーラが見える人によると、並外れた強運の持ち主はオーラがキラキラしているそうです。人生を楽しみ、常にワクワクしながら、何か面白いものはないかなと探している。

ただし、そういう人のなかには、たまに大悪党もいるんだとか。

運のいい人は、好奇心と広い視野、何が起きてもそれを楽しむ柔軟性をもち、寄り道や無駄、雑談を楽しんでいる。また、過去の栄光や不幸にしがみつかず、不確定な未来に心をときめかせています。

そう聞くと、なるほど、悪いことにも応用できそうな性格です。

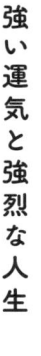

安定した仕事ではなく、野心や享楽、一攫千金に通じる望みを抱きがちな運気である、とも読めますね。

強い運気の使い方はその人次第ですが、強運を鼻にかけて悪事を働こうとすれば、手痛いしっぺ返しを受けるのが世の常。あのトランプ大統領の前途も洋々ではないことは、本章の最初にお話しした通りです。

皮肉なことに、真面目で世の中のルールをギチギチに守る〝正しい人〟ほど、視野が狭くて考え方が凝り固まっているため、運が悪い傾向にあります。

そういう人は何も後ろめたいことはないのですから、日常のどんな小さなことでもプラスに変換する思考術を意識して、「自分は運がいい」と思い込んでください。正々堂々と、強運への道を歩めば、必ずや運は味方します。

最強のカリスマ手相

手相は絶対的な運勢や幸せを約束するものではありませんが、ここでは「これがあったらスゴイ!」といえる、手相を3つ紹介します。

まず、近いうちに嬉しいことが起こる証といわれる「ソロモンの環」。人指し指の付け根に指輪をつけたように出る線です。1本でもスゴい線なので、2〜3本あるととんでもない出来事が起こります。たとえば2007年に「M−1グランプリ」で優勝する直前の「サンドウィッチマン」は、ふたりとも3本ずつ出ていました。

また、ひと指し指の付け根あたりに「イケイケ線」が出ている人は、多少強引にでも何かを始めると花開きます。不安があっても思い切って飛び込めば、なにもかもスムーズに進む運勢です。

Column

そして薬指の付け根に「＊」のような印、「スター」が出ている人は無敵の状態です。これはとてつもない大金が入る予兆といわれています。こういうときは迷わず宝くじを買いにいくことをおすすめします。普段より当選する確率が高いはずですよ？

　最強手相が見当たらない方も、あきらめることはありません。手相は日々、少しずつ変わるものです。試しに一週間ごと、1か月ごとに、自分

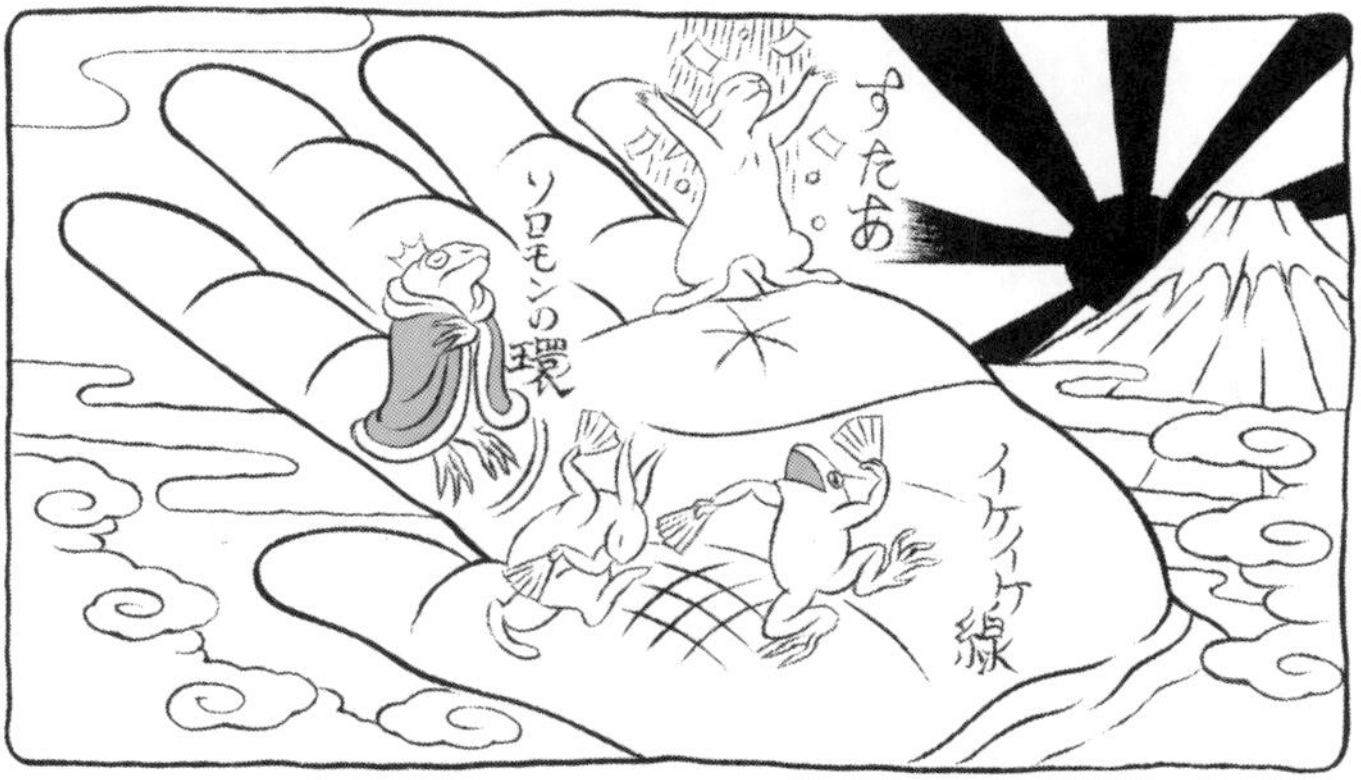

の手相を記録してみてください。スマホなどで撮影するだけでＯＫです。それらを並べて見ると、意外と変化していることがわかって面白いですよ。とくに10代、20代の方は変化が大きいものです。

「社交性がないから対人関係を頑張ろう」と心がけたら「人気線」が延びた、なんてこともあります。朝起きたら手相を確認する習慣をつけると、運気の変化に敏感になれるでしょう。手相日記、ぜひ始めてみてください。

2

めくるめく パワースポット 秘話

世界を潤すパワースポット

セドナのサンドウィッチは世界一

世界には、マチュピチュ、イースター島、エアーズロックなど、たくさんのパワースポットがありますが、アメリカのセドナ、ハワイのマウナラニ、フランスのルルドの泉が世界３大パワースポットといわれています。

３つの中でも、もっとも有名なのがセドナでしょう。セドナはネイティブアメリカンが先祖代々神聖な場所として崇めてきた聖地。ボルテックス（渦）と呼ばれる、大地からパワーが渦巻状に噴出してくる場所が数か所あり、そこでは木が螺旋状に生えている、不思議な場所です。20～30年に一度だけ花が咲き、一晩で枯れてしまうセンチュリープラントという植物を見られたらものすごくラッキーといわれています。

ただ、セドナのパワーがあまりにも強いため、行くと熱が出たり、気分が悪くなった

り、情緒不安定になって涙がこぼれてきたりと、「セドナ酔い」にかかってしまう人もいるとか。僕が行ったときは相性がよかったのか、とてもいいパワーをもらえました。

こんな話もあります。

ミシュランの星を付けるために世界中のレストランを食べ歩いたベテランの審査員が、引退するときにインタビューを受けました。

「世界中で食べた料理で、どれが一番おいしかったですか？」

そう聞かれた検定人は、こう答えました。

「セドナの山の上で食べたサンドウィッチが一番おいしくて忘れられない」

世界中のレストランやシェフに気を使ったジョークのようですが、案外、本音だと思います。セドナはパワーが充満しているから、身体がどんどん元気になって、細胞も活性化されていく。味覚も研ぎ澄まされて、なんてことないサンドウィッチがおいしく感じられたのでしょう。

セドナは、現在はセレブが別荘を構えることがステイタスになっている場所。かつてはウォルト・ディズニーも別荘を構えていました。彼はセドナのその景色を見て、ビッグサンダーマウンテンを思いついたのだとか。

ハワイの火山でオーラを見る

ハワイ島には、キラウエア火山やマウナケア火山など大きな火山が5つありますが、そのちょうど中心部にあるパワースポットがマウナラニ。

火山という、地球が生きていることの最大の象徴の真ん中にあり、地球の鼓動を感じられるといわれている聖地です。ハワイ島の古代の王族たちもここを保養地にしていました。

マウナラニ全体がパワースポットなのですが、ここには自分のオーラが見られる洞窟があるんです。

その洞窟は、溶岩が固まったゴツゴツした岩場にあります。くぼみから地下に入ると、真っ暗な洞窟が広がっていて、奥まで行くと、天井の穴から光がスーッと射し込んでいる、ものすごく神々しい場所があるんです。

その光の下で写真を撮ると、自分のオーラが写るといわれているんです。

オーラは人によって色も違いますし、ボワーッと大きい人もいれば、円状に広がる人や、ギザギザの人もいる。僕も撮ってみたところ、自分の肩、顔、頭の周りを覆うよう緑とオレンジの光の層が写っていました。

実はこれ、以前に霊視ができる人に指摘されたオーラの色と一致していて、びっくりしました。僕自身はオーラが見えないので、オーラがどうこういわれても「本当かな?」なんてちょっと疑っていたんですけど、ここで答え合わせができました。マウナラニは。オーラを見ることができない人がオーラを実感できる、地球上唯一の場所といえます。

観光しやすい癒しの聖地

世界3大パワースポットのひとつ、ルルドは奇跡の泉で有名です。1858年に聖母マリアが少女の前に現れて啓示したという泉の水は聖水といわれており、それを飲んだり浴びたりすることで、難病も治ってしまうという伝説が語り継がれています。歩けない人がここに行ったら歩けるようになったから、松葉杖や車椅子を置いて帰った、なんていう逸話もあるほどで

← マウナラニでオーラを撮影!

す。

現在は観光地になっていて、アクセスもしやすい場所。僕はまだ訪れたことがないので、1~2年以内になんとか行ってみたいと思っています。何年も悩まされている肩凝りが治るといいのですが……。

観光の流れで行きやすいパワースポットといえば、タイにもあります。タイは熱心な仏教国で、スピリチュアルにも関心が高い国。

そんなタイでは、バンコクの伊勢丹前にあるブラフマー、ヴィシュヌ、シヴァの合わさった「トリムルティ」の祠が恋愛のパワースポットとして人気です。とくに木曜の夜9時半に9本の赤いバラと9本の線香をお供えすると、ご利益がさらにアップするのだとか。

ここには学問にご利益のあるガネーシャ像もあって、買い物客と信心深い人たちで連日、賑わっています。

モンゴルの聖地で宇宙パワーを充填！

秘境になればなるほど、パワーが強い!?

有名なパワースポットは観光客も多くて逆に疲れてしまう、なんて人もいます。そんな方は、物理的に辿りつきにくい秘境スポットを目指しましょう。さきほどご紹介したセドナのほか、マチュピチュやエアーズロックは都市部から離れていて、混雑疲れの心配はありません。

そして、これら以上の秘境ぶりで注目を集めつつあるパワースポットがモンゴルにあります。

世界3大パワースポットに匹敵する、いや、それ以上のエネルギーが湧いているというそこは、首都ウランバートルから４５０キロ南下したゴビ砂漠の町サインシャンドから、さらに約60キロの場所にあるシャンバラランド。

シャンバラランドの中心に建つ大僧院ハマリンヒードは、19世紀初頭に人々の尊敬を集めていたダンザンラブジャーという僧侶が、仏教布教のために建立した寺院です。1930年代に宗教弾圧を受けて壊滅的な状態に陥りましたが、民主主義への移行とともに復活を果たし、現役の寺院として存在しています。モンゴル出身のある横綱は、場所前にこの寺院を訪れてエネルギーを充電しているという噂もあります。

日本人で訪れる人はまだまだ少ない場所ですが、すでに世界150か国から観光客が来ているそうです。

実は僕も、3泊4日の強行スケジュールでひとり旅をしたことがあるんです。

寒いのに体がポカポカする!?

北海道よりも緯度が高いウランバートルは、11月の気温がマイナス25～マイナス35度まで下がる極寒の地。最寄りのホテルから7～8時間車を走らせると、白い砂土だったゴビ砂漠の真ん中に、突然真っ赤な土の一角がありました。そこがまさしく目的地のパワースポット、シャンバラランドだったんです。観光客は冬期だから少なめで、僕ら以外に30人くらいでしたが、夏場は毎日数百人のモンゴル人が訪れるのだとか。

この赤い土はかつて火山から吹き出した石を含んでいて、磁気を帯びているそうです。ここでは地面に直接寝転がると、大地から直にパワーをもらうことができるといわれています。

僕は霊感もないですし、今まで行ったパワースポットでも、目に見えないパワーというものをその場ではっきりと感じたことはそんなにありません。

ところが、シャンバラランドで「パワーがもらえる」という直径30メートルくらいの円の中に寝そべると、極寒の地にもかかわらず、なんだか体がポカポカする……!? 同行したモンゴル人のガイドさんふたりも、「頭がクラクラする」だの「手がビリビリする」だのと、けっこう激しく反応していました。

せっかくだからたくさんパワーをいただこうと、のんびりと寝転がっていたところ、現地の人から「ここ、1時間以上寝るとおかしな気持ちになるから気をつけてね」と忠告されて慌てて起き上がりました。

←シャンバラランドでパワー充填中！

壁画がグルグル回り出す！

ハマリンヒード寺院には、渦巻きが描かれた壁画があります。20メートルくらい離れた場所から見て、渦巻きが回転して見える人はパワーがあるそうです。僕も見てみたんですが、もちろんまったく動きません。「やっぱり、回るわけないですよねぇ」なんてガイドさんたちと話して、さっきの場所に寝そべってからもう一度壁画を見てみると、渦巻きが回転しているように見えたんです。

「グルグル回っていません？」

というと、ガイドのふたりもうなずいていました。かなりわかりやすくパワーを実感できた、珍しい経験でした。

面白いことに、この場所から大事な人に電話をすると、通話相手にもこの土地のパワーを届けることができるそうです。モンゴル人はみんなそこからだれかに電話していました。僕の携帯電話は圏外だったので残念ですが、次に行ったときは絶対に試してみたいと思います。

神の土地に積まれる白い石

ハマリンヒード寺院には、小石で縁取られた長い道があります。

僧侶ダンザンラブジャーがこの場所にハマリンヒード寺院を建てると決めたとき、彼についてきていたお弟子さんたちの行列は20キロにも及んだそうです。この長い道は、僧侶ダンザンラブジャーが「お前たち、落ちている小石を手にとって、自分の横に置きなさい。それがここを訪れる人にとっての天国に通じる道になるのだから」といって、弟子たちに作らせたものだそうです。

〝シャンバラ〟の意味は〝神の土地〟。

この土地に転がっている白い石を拾って、然るべき場所にポンと置いてくると、死んだときに閻魔様が「お前は天国に縁がある人間なんだな」といって、天国に行けるという説もあります。そのためか、シャンバラランドのあちこちに、ものすごい高さの白い小石

←寺院の壁がグルグル見えた!?

の山ができあがっていました。

でも、シャンバラランドに限らず、パワースポットの石を持ち帰ることはタブーです。もしうっかり持ち帰ってしまった場合は、その後、なんらかの形でそのパワースポットに石を返しにくることになるそうですよ。人によっては、家で石が泣いたりするとか。お土産感覚で石などを欲しくなる気持ちはわかりますが、浴びたパワーだけを持ち帰ってください。

シャンバラランドには、ダンザンラブジャーのお弟子さんたちの生まれ変わりか、なんらかの関係があった人しか来られないといわれています。確かに、何かの縁や、直感的な勢いがないとモンゴルの奥地まで行かないかもしれませんね。僕もモンゴルの聖地にご縁があるのでしょうか？　そう考えるだけで気持ちが高ぶります。

聖者に至る荒行108日！

シャンバラランドの中心、ハマリンヒード寺院のすぐ近くには、かつて僧の修行場所だったという、１０８の岩窟のある岩山が広がっています。

その修行は過酷なものだったそうです。まず、岩窟の外で一週間瞑想をしてから、木のお椀をひとつ持って岩窟の中に入ります。そこから50日間の食事は、お椀に入れてもらったご飯を1日1回だけ。食べ終わるたびに、空のお椀を岩肌にこすりつけます。日に日にお椀が削れていくので50日後にお椀はなくなってしまう。

その後、さらに50日間は食事をとらずに瞑想を続行します。そうして地上に戻るそうです。最初の一週間と洞窟の中の100日、そして出てきた日を加えて全108日間の修行なんですね。無事に終えることができた僧は、108つの煩悩に打ち勝ち、強力なパワーを獲得できたそうです。

もちろん今は、108日間もの厳しい修行を行う人はいないそうですが、現在その岩山はヨガの聖地となっています。岩窟で瞑想してからある岩に座ると、目の前の岩を念じるだけで持ち上げることができるようになる……なんて噂もあるのはさすがですね。

この岩山には罪のない人だけが通り抜けられる穴や、腰を当てると腰痛が解消されるという岩壁もありました。岩そのものがパワーを宿しているのでしょう。

桜、鐘、そして乳!? シャンバラは謎だらけ

僧侶が修行した岩山の付近には、桜の木が生えています。18世紀に日本からある人物

が来て、寺院で2年間の修行をした際に植樹していったものだそうです。シャンバラランドで〃黒馬の侍〃と呼ばれているその人物が、日本でいうところのだれなのか、正体はいっさいわかりません。帰国時に置いていったという刀も博物館に展示されているとか……？　18世紀の日本は江戸時代ですから、そんな時代に海外を訪れることができる侍は、それなりに位の高い、公的な人物だと思われますが、気になりますね。

さらに周囲には、撞《つ》くと迷いが晴れて長寿になるといわれている鐘や、登頂すると願いが叶うという山「ハルオール」（通称＝希望を叶える黒山）など、シャンバラランドにはいくつもスピリチュアルな見所が点在しています。

ハルオールは女人禁制。日差しや風を遮るもののない土がむき出しの山は、かなり急勾配で道のりも長く、見た目よりも厳しい登山でしたが、自分の願いを唱えながら1時間かけて登頂しました。大変だった分、かなりの達成感がありました。

逆に男子禁制の「おっぱい岩」もありました。女性

←シャンバラランドのお土産のウォッカ瓶。

の乳房の形をしたふたつの岩は遠目にも特徴的でしたが、男性は近寄ることはできません。ここにミルクをかけながらお願い事をすると願いが叶うそうです。

シャンバラランドのお土産として買ってきたのが、モンゴル産のウォッカ。シャンバラランドのあちこちに祀られている神様に半分くらい振りかけると、残りが聖水になると信じられています。それを大事なものに振りかけるとお守りになるとか。僕は今でも、空き瓶を大事に保管しています。

世界を制する者はシャンバラを目指す

モンゴルの英雄といえばチンギス・ハーン。彼もシャンバラランドに来ていたと考えられています。彼が率いた騎馬軍団の圧倒的な強さは、この土地から得たパワーのおかげかもしれません。

シャンバラランド以外に、宇宙エネルギーが集まる場所がチベットにもあるといわれています。あのヒトラーも探していた幻の聖地シャンバラです。世界を征

←チンギスカン巨像に世界進出を願う!?

服しようとしたチンギス・ハーンとヒトラーが惹きつけられるふたつのシャンバラの力は、どちらも相当なものなのだろうなと思わずにいられません。

中国や西洋では、その残虐な振る舞いから悪魔のような人物とされているチンギス・ハーンですが、モンゴル人からは国民的な英雄として尊敬されています。ウランバートル郊外には高さ40メートルの巨大なチンギス・ハーン像があり、中に入って上ることも可能です。

現在、この巨大チンギス・ハーン像を取り囲む1万体の騎馬兵隊像が製作中で、1万ドルを払えば騎馬兵の顔を自分の顔にしてもらえるそうです。すでにジャッキー・チェンは予約済みだそうです。今後は現地でジャッキー像探しが楽しみです

未知の場所だけに、シャンバラランドへ行く前はちょっと不安でしたが、無理してでも行ってよかったです。これまで訪れた有名パワースポットのなかで、もっとも人間の手が入っていない、自然のエネルギーをダイレクトに実感できる場所でした。

マチュピチュやイースター島に比べたら日本からのアクセスもはるかにいいですし、治安もいい。観光地化されていないところが何よりも魅力的。冬はマイナス30度と極寒なのが難点ですが、夏に訪れたいパワースポットとしておすすめです。

パワースポットに渦巻く磁場と活力

大地のエネルギーがあふれる富士山と分杭峠

日本にも3大パワースポットといわれる場所があります。

ひとつは、いわずと知れたキングオブパワースポットの富士山です。

古くから「富士信仰」があり、信仰の対象と芸術の源泉としてユネスコの世界文化遺産に登録されています。

美しい姿で周囲を魅了してきたほか、火山活動のエネルギーによって世界屈指の霊山として知られています。日本列島を貫くレイラインは、もちろん富士山を通っていますし、巨大な龍脈（大地のエネルギー）を放つ龍穴でもあるといわれています。

もうひとつは長野県の分杭峠です。

日本列島を貫く中央構造線上にあり、大地と大地がぶつかり合うゼロ磁場スポットの代表ですね。見た目にはただの山なんですが、大地の下では、断層がグーッと押し合っているんです。いうなれば、横綱同士ががっぷり四つになってる状態。

ふたつの断層が押し合い、磁力を打ち消しあっているので、ゼロ磁場。ここでは方位磁石がぐるぐる回る、特殊な磁力があふれ出しています。これはつまり、巨大なピップエレキバンの上にいるみたいなもの。ここにいるだけで腰が痛かった人がよくなったり、ずっと体調悪かった人が元気になったりと、奇跡的な体験をした人が続出し、ご利益を求めてたくさんの人が集まってきているそうです。とくに、分杭峠の奥にある沢の水は、飲むと元気になると評判です。

3大パワースポットを名乗る場所

富士山、分杭峠を含める、日本3大パワースポットですが、3つ目はどこなのか?

それは、石川県能登半島にある聖域の岬こと、珠洲岬《すず》なんです。なんといっても、現場に「日本3大パワースポット」という看板を掲げていますからね。

主張するだけあって、実際にエネルギーが高い場所であることは確かです。岬の沖では海流がぶつかっていて、日によっては航空写真で潮が一本の白い線になって映るほど。さらには上空ではふたつのジェット気流がぶつかっている場所ともいわれています。海と空の両方で自然のパワーが渦巻いている非常に珍しい場所なのです。

日本海側なので、冬になれば普段から重い雲が立ち込めていて雪が多いのですが、周りは大雪なのにこの一帯だけは晴れているという不思議な現象もよくあるそうです。

この珠洲岬のエネルギーを象徴するのが湧き水です。

珠洲岬にある温泉宿、ランプの宿で、1時間に一度湧き出てくる水が有名なんですが、なんと、腐ることがないそうです。ランプの宿では100年前に汲まれた「百年水」が1億円で売られています。100年前のものとは思えない透明感は見ているだけでも感動的です。

思えば、人間の体はほぼ水分でできています。もし珠洲岬の水を毎日、たっぷり飲みつづけたら……? 腐らない水で体を満たすことは、これ以上ないアンチエイジングになりそうです。

不老不死の伝説は、こういった場所から生まれるのかもしれません。

大自然の気を吸い込めば寿命が伸びる!?

パワースポットといっても、どんな効果があるの？　と疑う人もいます。神社やお寺は落ち着ける空間ですし、山や森などの大自然に包まれると気持ちいいものですが、それが「パワー」「気のエネルギー」なのかといわれると、実感は難しいですね。

パワースポットに行ったら、深く考えず、ぜひ深呼吸をして、その場の空気を吸い込んでください。ストレスが溜まったり、プレッシャーを感じたりすると、いつの間にか呼吸が浅くなって、吐くのを忘れてしまいがちです。「長息」は「長生き」に通じるともいいますし、パワースポットでは意識して深呼吸をすると効果倍増です。

病は気からといいます。ストレスや心理的な要因で突発性難聴や味覚障害などに陥ることもあります。疲れすぎると五感や感受性が鈍ったように感じたことは、だれしもありますよね。

そんなときに自然の中で過ごすことで、心が穏やかになり、鈍った五感が研ぎ澄まされることがあります。自然の中で、小川のせせらぎや鳥のさえずりを聞き、植物の色彩や匂いを感じることで五感を甦らせることができ、癒されるんだとか。

自然の恵みでいえば、雨には浄化作用があり、悩みや迷いを洗い流してくれるといわれています。雨の日はどうしても憂鬱になりますが、水や空気が澄むので、パワースポットを訪れるには絶好の天気ともいえます。

そうした自然の癒し効果が得られるパワースポットとして、熱海の來宮《きのみや》神社がおすすめです。

こちらの本殿の裏には、樹齢2100年にもなる大楠の御神木があります。一周するごとに寿命が一年延びるといわれているこの御神木、僕が訪れたときは、地元の老人会のみなさんが周りをグルグルと走っていました。

「あと一年！　あと二年！」

という力強い掛け声をあげながら走っているお姿は、お元気そのもの。ここに来る前から元気だったのではないかと思ってしまいました（笑）。

原宿の母に導かれた「清正の井戸」

僕に手相や占いを教えてくれた師匠が、「原宿の母」菅野鈴子先生です。

もう10年以上前でしょうか。

原宿の母がふと、「明治神宮にいい場所があるから寄ってみたら?」といって教えてくれたんです。それが「清正の井戸（清正井）」でした。当時、加藤清正にまつわる井戸があるなんてことは知りません。明治神宮に行ったことはあっても、参道の脇に入場料を払って入る清正の井戸があることは、一般的にもそんなに知られていなかったと思います。

原宿の母に教えてもらってから、すぐに行きました。

足を踏み入れると、一番奥に井戸がポツンとあるだけ。だれもいなくて、都心なの

に静かだなあ、なんか気持ちがいいなあとぼんやりしていたら、いつのまにか一時間くらいたっていました。

なんとなく気持ちがよかったので、それ以来たまに足を運ぶ、僕にとってのお気に入りの場所になりました。

占いや都市伝説の仕事をするようになって、知り合いの芸人さんやタレントさんの手相をみるときに、「こんな場所があって、気持ちがよかったですよ」と話すうちに、清正の井戸の存在が芸能界で徐々に広まっていきました。

決定的だったのが2009年末のこと。ある番組で来年のブームの予想をするコーナーに出させていただいたんです。

「アイドルはこのグループが来ますよ」「お菓子はコレが話題になりますよ」と、各ジャンルに詳しい出演者がいろいろな予測をするなかで、僕はパワースポットとして「清正の井戸がすごい！」と紹介したんです。「井戸の写真を携帯電話の待ち受け画像にするといいことがあるといわれているんですよ」なんて自分の待受画像も紹介したら、翌年のお正月には清正の井戸に行くために5時間待ちの大混雑になったんです。もともと初詣での人でにぎわう明治神宮ですが、前年まで注目されていなかった井戸が、にわかに脚光を浴びたのです。

その後、「清正の井戸に行ったら新しい仕事が決まった」という体験談がすごい勢いで広がっていって、パワースポットとして定着しました。

僕自身、清正の井戸に行くようになってから、この仕事が軌道に乗ったと自覚しています。今も折々に足を運んでいる、大切な聖地です。

ハチ公は東京の狛犬

東京五輪の2020年に向けて、東京各地で工事が行われています。渋谷駅周辺で進行中の「渋谷駅街区土地整理事業」の完成予定はなんと2027年。なにしろ地上46階建てのオフィスビルを含む3つのビルや、東西を繋ぐ自由通路などが造られる大工事ですからね。五輪をまたいで、渋谷の風景は大きく変わっていきそうです。

長期に及ぶ工事期間中、ひとつ心配なのが、西口の忠犬ハチ公像。一時撤去するのか、移転するのか、動かさないまま工事をするのか。動かすとしたらどこにするのか。

都市伝説的な見地において、ハチ公像の処遇はとても重要です。事と次第によっては、東京、はたまた日本が壊滅してしまうかもしれません。

じっくりお話ししましょう。

古より都を造る際は、為政者は天下太平を願い、いろいろな結界を張り巡らせてきました。たとえば江戸の場合は、徳川家康の側近である天海という僧侶が江戸城を中心に鬼門と裏鬼門に神社仏閣を配し、陰陽五行の考えのもと、五色不動を配置しました。現代日本においても、皇居の周りを囲む山手線が結界になっているという説もあります。

風水では、鬼門（北東）と裏鬼門（南西）のラインが非常に重要な意味をもっています。山手線の駅でいうと、上野が鬼門に、渋谷が裏鬼門に位置します。その上野と渋谷にそれぞれ設置されているのが、西郷隆盛像と忠犬ハチ公像です。

西郷隆盛は幕府側の人間で、新政府の敵。その人物を、なぜ明治政府は銅像にしたのか？　これは、戦後に敵方を奉ることで、強力な守り神とするという、平将門の首塚にも通じる考え方にあるといわれています。

では、軍服姿ではなく、愛犬のツンを連れている姿を銅像にしたのは？　むしろ西郷さんではなく、ツンが銅像の主役という説があるんです。鬼門のツンと裏鬼門のハチ公が、対になって、東京を守る狛犬の役割を果たしているといわれているのです。

過去、忠犬ハチ公像が撤去や移動を余儀なくされたことが2回あります。

１回目は１９４４年10月。戦争のために金属が強制的に供出させられた際、ハチ公の銅像も撤去されました。実際に溶解されたのは翌１９４５年の８月14日。その翌日に日本は敗戦しています。

さらに、２回目は１９８９年。区画整理で向きを変えられたのですが、その後、バブル経済が崩壊し、日本は長い不況に突入しました。

狛犬であるハチ公像になにかあると、日本に何かが起こる。

敗戦もバブル崩壊も必然的なことではありますが、渋谷の再開発によって、また日本が揺らぐことがないことを祈ります。

江戸を守るのは芸人と力士と遊女

東京のパワースポットを、日本の古代神話で考えてみましょう。

『古事記』の天の岩戸伝説は、隠れてしまったアマテラスに出てきてもらうために、アメノウズメが舞い踊ってみんなでどんちゃん騒ぎをします。気になったアマテラスが岩戸をそっと開けたところで、アメノタヂカラオが手を引いて連れ出す、という話です。

機嫌を損ねて引きこもっちゃう太陽神も人間味があって面白いですが、世界に光を取り戻すのが遊女や芸人と、力士なんですね。

芸人と遊女と力士は日本の救世主。この考え方から、江戸でも鬼門にあたる場所に浅草（芸人）、吉原（遊女）、両国（力士）を置いた町作りをしたといわれています。

ちなみに、東京スカイツリーが建つ場所も鬼門にあたります。江戸幕府の開祖である徳川家康が眠る日光東照宮の標高と同じ634メートルにすることで、日光東照宮のパワーをダイレクトに受信しているという説もあります。

三大龍鳥居と五色不動

全体がパワースポットともいえる東京ですが、テーマを決めて巡礼するとご利益が増すと思います。

ひとつは「三大龍鳥居」。2000もの神社を巡った神社好きミュージシャンの佐々木優太さんから教わったのですが、東京には鳥居の柱に龍が彫ってある「龍鳥居」がそびえる神社仏閣が3つあるんです。

龍鳥居は、阿佐ヶ谷駅近くにある馬橋《まばし》稲荷と、高円寺の奥にある祠と、品川神社の三社にあります。どの鳥居も向かって左側が昇り龍で、右側が下り龍。左側の柱を触ると昇り龍のように運気が上昇するといわれています。ここぞというときは、3か所すべてを巡りたくなります。

また、天海が江戸に結界を張るために設置した東京の五色不動（目黒不動・瀧泉寺、目白不動・金乗院、目赤不動・南谷寺、目青不動・教学院、目黄不動・永久寺と最勝寺）を回って御朱印集めをするのもオススメです。

東京マラソンのコースは風水的な浄化が狙い!?

以前、番組の企画で東京マラソンに挑戦しました。37歳での初フルマラソンを、5時間37分37秒で完走しました。37という数字が3つ並んだことになんだか縁起のよさを感じたこともあり、しんどいながらもいい思い出になりました。

3万人以上が都市部を走る東京マラソンが始まったのは2007年。毎年の交通規制もおなじみになりましたが、実はこれ、当時の石原慎太郎都知事が災害や戦争などの有事対策を目的に始めたという説があるんです。

というのも、第1回大会が開催された1か月後に、政府の中央防災会議が、東京に直下型地震が発生した場合の帰宅行動シミュレーションを発表しているんです。実際に何万人もの人間を動かしたかのような正確さと評された移動データは、東京マラソンでランナーが装着したICチップの情報を利用したといわれています。

また、現在は変更されましたが、当初のコースはちょっと不自然だったんですよ。都庁をスタートして有明でゴールするまでに、霞ヶ関の付近を何度も通るのは、官公庁や金融機関の本店が集中している日本の中枢の交通網が災害時にどうなるのかをシミュレートするためだったのでは、とささやかれました。

また、地図でコースを俯瞰すると、都心部と周縁部を何度も行き来していることがわかりますが、これには風水的な狙いがあるといわれています。

東京は江戸時代に風水都市として作られましたが、現在では高層建築物によって空気が停滞するようになってしまった。そこで何万もの人を〝人間風車〟として走らせ、都内の気を動かして、東京を活性化させようとした、と。何万人ものランナーによって都心部の邪気を集め、それを有明の海に流す、というわけで

←37歳の初マラソンで37並びのタイムに。

す。

本当だとしたらさすが石原元都知事、ネス湖にネッシーを捜索に訪れたこともあるほどのオカルト好きは伊達ではありませんね。

ただ、2017年からはコースが変更され、ゴールに至っては有明でなく東京駅前になりました。これによって都心部にまた邪気がたまってしまうことになるのでしょうか。ちょっと心配です。

神社の精霊と土地の守護神

会いに行ける「小さいおじさん」

会うと幸せになるといわれている「小さなおじさん」を見たことがありますか？　もう20年以上前から、芸能界でもたくさんの人が目撃談を語っています。

お風呂場で髪を洗っていたら、バスタブのところに自分の方を見ている小さなおじさんがいたけれど、驚きすぎて声が出なかった。そのまましばらく睨《にら》みあっていたら、パッと消えてしまった……など目撃談にはいろいろありますが、総合すると、「ひとりでいるときに出る」「何かに集中しているというよりは、やや無心に近い精神状態のときに見る」「霊を見たことがある人が見やすい」という共通点があります。そして、目撃した人は驚きはしますが、恐怖心のようなものは抱かないといいます。

心霊写真を見たときにぞっとする場合は悪霊が写っていて、嫌な感じがしない場合は先祖の霊や守護霊だと判断します。そう考えると、小さいおじさんは人間にとって悪い存在ではなく、昔から共存してきたコロボックル、木霊《こだま》、座敷童子のような存在なのかもしれません。

神出鬼没の小さいおじさんですが、実は東京に住処があるといわれています。そこは、杉並区にある大宮八幡宮。「東京のへそ」とも呼ばれ、歴史があり由緒正しいこの神社は、子供の守り神ともいわれていて、安産や子授かり、成長祈願のご利益があり、敷地内には幼稚園もあります。関連は不明ですが、大宮八幡宮の中で小さいおじさんを見るというよりも、小さいおじさんの目撃者の多くが大宮八幡宮に行ったことがある、というジンクスがあるんです。

また、大宮は大宮でも、埼玉県の大宮氷川神社に小さいおじさんがいると証言する人物がいます。スピリチュアルタレントのＣＨＩＥちゃんです。

ＣＨＩＥちゃんいわく、敷地内にいる小さいおじさんを捕まえて、〝付ける〟と、１～２週間くらい一緒にいてくれて、その人にいいことが起きるそうです。僕も以前、仲間と一緒に大宮氷川神社をＣＨＩＥちゃんに案内してもらいました。

CHIEちゃんには境内の至るところをものすごいスピードで動きまわっているという小さいおじさんが見えるらしく、両手でキャッチしては、「この人は島田さんに合うと思う」といって、参加者それぞれに合うおじさんを〝付けて〟くれました。ちなみに僕の小さいおじさんは、鍬を持った畑を耕しているような姿で、別の人に付けたのは、トランプのジョーカーみたいな姿だったそうです。

パワースポットで浴びるエネルギーは、自分を気に入って付いてきた小さいおじさんのような存在なのかもしれませんね。

五色神のお面はある？　ない？

小さいおじさんが住んでいる大宮八幡宮は東京のへそですが、なんと世界のへそ、中心といわれている場所が、日本の熊本県にある幣立神宮です。熊本駅から車で2時間ほどのアクセスですが、平日でも参拝客で賑わっています。

日本のレイラインの西端に位置することでも知られていますが、ここは5年に一度、五色神祭が行われます。５０００年前に世界の神々が集まって会議をしたという伝承にならい、宗教や宗派をまたいで世界から人々が集い、平和を願います。

この五色神とは世界各地の五色人種の祖を指すといいます。赤はネイティブアメリカンやポリネシアン、黒は黒人、白は白人、黄は黄色人種、青は北欧系と、それぞれのご先祖様が、古の幣立神宮から世界へ旅立ったというのです。

幣立神宮には、五色神を表したお面があります。といっても神宝なので公開はしていません。五色神祭の際に、写真が掲示されるだけです。

僕が行ったとき、神主さんがいたので、ダメもとで頼んでみました。

「五色神のお面、見せてもらえませんか?」

そしたら、返事が気になるものだったんです。

「いやいや。それはあるともないともいえないよ」

なぜか、存在自体の言葉を濁すんです。

「五色神祭のときに、お面の写真を飾るからそれを見にくるといいよ」

といわれたのですが、存在そのものを隠そうとするところがミステリアスでした。

日本の霊的中心部！神州・長野県

神々に守られる信濃エリア

長野県には神秘的なスポットやエピソードが多いんです。日本人が恐れる「地震、雷、火事、オヤジ」ですが、「オヤジ」は実は「大山嵐」、すなわち台風のこと。日本列島は毎年のように大型の台風に襲撃されて、ひどいときは台風情報で日本地図が赤（警報）や黄（注意報）で塗りつぶされることも珍しくありません。でも、そんな中、長野県だけ何の色もついていないことがよくあります。

これにはまず地形的な理由があって、長野県は3000メートル級の山々に囲まれているので、山が強風を打ち消し、雲を堰《せ》き止めてくれるんです。

僕も長野県出身ですが、全国ニュースが台風で大騒ぎしているのにまったく実感がないくらい、家の周りが静かだったことが何度もありました。長野県には台風がほとんど来ないので、戦時中に松代に大本営を置く計画があったように、日本の中心をここに持ってこようという計画もあったとか。

長野県は長寿でも有名ですし、昔からこの地に暮らす人は諏訪大社、善光寺、戸隠神社などを信仰してきました。神や仏を〝濃く信じる〟場所ということで、〝信濃〟という名になったといわれています。

真田幸村は生きていた！

2016年の大河ドラマ「真田丸」以来、長野県で注目のスポットはやはり、真田神社です。上田城址公園にある、真田家の歴代藩主を祀った神社です。戦国きっての知将である真田幸村にあやかって勝負運や学力が向上するご利益で人気。とりわけ、徳川の大軍の2度にわたる猛攻にも〝落ちなかった〟城ということで、受験の合格祈願にも強い場所とされています。

また、真田神社のすぐそばにある真田井戸も必見です。これは太郎山麓の砦や上田藩主の居館に通じる抜け道だったという逸話があります。

幸村は徳川に一矢を報い、妖刀村正を振るって、あと一歩で家康の首級をあげるところまで迫りました。家康をして「日の本一の兵《つわもの》」といわしめた猛将ですが、天下を取ることはできませんでした。それなのに、織田信長や豊臣秀吉らと並ぶ人気があるのはなぜでしょうか。

幸村が愛される理由のひとつに、その末路にまつわる伝説があります。

史実では、幸村は大阪夏の陣で討ち死にしていますが、当時なぜか「花のやうなる秀頼様を鬼のやうなる真田が連れて、退きも退いたり鹿児島へ」という唄が民衆の間で大流行したんです。可愛らしい秀頼様を連れて、鬼のように強い真田幸村が鹿児島へ逃れていたという逸話には、ロマンが感じられます。

戦に負けても生き延びていた伝説をもつ点で、幸村は源義経と似ていると思いませんか？　義経はモンゴルに渡ってチンギス・ハーンになったという壮大な伝説がありますし、幸村と鹿児島へ逃れた秀頼がのちの天草四郎になったというストーリーもある。時代も年齢は違いますが、民衆の「生きていてほしい」という希望や願望が、相似の逸話に結実したのだと思います。

そして、ふたりに共通点が。幸村も義経も次男なんです。

真田家の長男の昌幸は上田の城を守り抜き、現代にも家を残しています。義経の兄である源頼朝は乱世を制して鎌倉幕府を開きました。時代は違えど、どちらも戦国の世にあって、家を守り、盛り立てた人物です。長男の役目をまっとうするがために、非情な決断に迫られつつも、慎重に行動したともいえるでしょう。それに対して、次男の幸村と義経の華々しい戦績は、危険を顧みずドラマティックに戦ったからだと思えます。

ふたりとも最終的な勝負には負けてしまうわけですが、日本には、強い者に立ち向かう弱い者を応援したい、判官びいきの文化もあります。そう考えると、「日本人、特に歴史マニアは負けた次男好き」なのかもしれません。そうそう、幕末を大胆に駆け抜けた坂本龍馬も、次男坊なのです。

日本の霊性の中心は長野県

長野県に話を戻すと、善光寺、戸隠神社、諏訪大社などの有名寺社仏閣のほか、ゼロ磁場、分杭峠など、全国でも屈指のパワースポットがたくさんあります。世界的にも珍しい野猿が入りにくることで有名な地獄谷温泉では、龍王と呼ばれるボス猿を見ると幸運が訪れるとか。

7年に一度、諏訪大社では御柱祭が行われます。諏訪では、いざこざも、浮気も、借金も、御柱祭を区切りにリセットされるんです。「御柱が終わったのにいつまでも昔のことをいってるんじゃない」という考え方なんです。7年ってけっこう短いので、かなり割り切りのいい風習ですよね。

その代わり、祭りの最中は家を開けっ放しにして、だれが家に来てもごちそうなどでもてなさなければいけないんです。そのためにお金を蓄える「御柱貯金」という風習もあるほどです。プラスもマイナスもチャラになる、神様の恩赦のお祭りといえます。

パワースポットと日本人

江戸時代から巡りまくり

パワースポットは、スピリチュアルスポット、開運スポット、ご利益スポットなどともいわれます。読んで字のごとし、その場所がパワーを持っている、もしくは訪れた人がパワーをもらえる場所という意味です。

日本では古より、パワーのある場所に神社仏閣を造ってきたので、神社仏閣＝パワースポットという考え方も納得できます。実際、パワースポットとして有名な寺社は数多いです。

パワースポットという言葉を初めて使ったのは、１９７０年代に超能力少年としてメディアに登場した清田益章さんだといわれています。今、なぜここまでブームになったのかというと、バブルが弾けたあとの不景気が大きな理由だと思います。

不景気になると、オカルトや占い、神頼みがブームになります。さらに、お金のない若い人たちにとって、休日の過ごし方のひとつにパワースポットめぐりがはまったんだと思います。

若い人たちはケーキバイキングと同じノリでパワースポット巡りをしますし、テーマパークだと入園料やご飯代でいろいろとお金がかかるデートも、自然の中のパワースポットめぐりなら入園料がかからない上に運気まで上がってしまう。お金を使うとしても寺社の拝観料やお賽銭、お守りとか御朱印くらいです。不景気の時代における、コスパが高いレジャーとして浸透したといえますよね。

そもそも日本には、一生に一度のお伊勢参りや善光寺参り、四国八十八ヶ所巡りなど、神社仏閣にいくことが文化的に根づいています。街道が整備されていた江戸時代ですら、江戸から伊勢に行くのは大旅行で、ときには命がけ。高齢者や病気の人は自分が行けない場合は、代役に御札を託してでも、参拝をしてきてもらったそうです。

昔から日本にはパワースポット巡りが馴染んでいる。ＤＮＡレベルで親しんできたからこそ、こんなにもブームになったのかもしれません。

相性のいいマイ聖地を求めて

ひとつお伝えしておきたいのは、パワースポットには相性があるということ。世間的にはすごくいい気が流れているとされている場所に行っても、人によっては合わないこともあります。

いわゆる有名な場所でも、いざ足を運んでみたらちょっと気持ち悪いな……と感じることがあるかもしれません。そういうときは、相性が悪い場所ということです。

これは住む部屋を探すときも一緒。

第六感ではないんですが、直感的に気持ち悪いなと感じるところはよくないことが起こりがちなので、世の中の評判よりも自分の感覚を大切にしてください。

それとは逆に、特にパワースポットといわれていない場所から、なぜか元気をもらう人もいます。

特定のビルの屋上とか、雰囲気のいい喫茶店の特定の席とか、「ここの場所は居心地がいいな」「しっくりくるな」という、お気に入りの場所があったりしますよね。意味はわからなくても、腑に落ちる感覚や波長みたいなものは、大切にしてください。

家や会社の近所の神社仏閣の境内や、河川敷、通勤途中の駅のホームの端っこなど、日常生活の範囲内に「ここが落ち着く」というスポットをもっていれば、会社でちょっとイヤなことがあったときも大丈夫。そこにパワーを充電できるとわかっていると心強いですから。

相性のいい占い師と出会うには

世に占い師といわれる人は本当にたくさんいます。お店やネットで相談窓口を設けている占い師だけでも、数えきれないほどです。でも、占い師のよし悪しなんて、わかりませんよね。

そこで、スピリチュアル系のテレビ番組を制作している方に聞いた「見分け方」を教えます。

よくない占い師の典型的な手法は、所定の時間を使っていいたいことをまくしたて、質問をしてもはぐらかし、核心に触れず煙に巻くタイプ。

「あなた、これまでにつらい別れを経験しましたね」というような、それなりの年齢の人間だったら全員に当てはまるような大きなことをいって、「この人すごい！」と思わせる。「あなた、姉妹が、

Column

いない……？」と、いてもいなくても対応できる曖昧な日本語を使ったりもする。

運悪くそういう占い師にあたってしまったら、会話をせず、「結婚はいつ？」「この人との相性は？」「今の会社と転職を考えている会社、どちらが向いている？」というように、具体的な質問を次々と投げていくといいそうです。

そのために、あらかじめ聞きたいことを箇条書きにしていくのがおすすめです。見える人はズバッと答えてくれますし、そこでああだこうだいい訳をしたり、「結局のところ感謝が大切よ」なんてありきたりな人生論をいい出す人は、残念ながらハズレです。

また、占い師を選ぶポイントになるのが年齢だと思います。

たとえばタロットカードは、出たカードからどんなインスピレーションを感じて、その解釈を相手にどんな言葉で伝えるかが、占い師の腕の見せ所。

そう考えると、恋愛や仕事などを相談する場合、自分と同世代の占い師のほうが感覚を共有できるから、自分にしっくりくる言葉がもらえると思います。

逆に、家族のことや、将来を見据えての仕事の展望などの相談は人生経験の豊かなベテランの占い師のほうが、多種多様な人生模様に通じたアドバイスをもらえそうです。自分の親や上司の年齢に近い占い師に相談すると、その年代の人たちのアドバイスとして、受け止めやすいでしょう。

3

現実に起きた
リアル怪談

「ひとりかくれんぼ」の真相

プロ仕様の降霊術!?

「ひとりかくれんぼ」をご存じでしょうか。これは平成の「こっくりさん」ともいわれている降霊術です。２００６年ごろから2ちゃんねるの「オカルト板」などに実践者が現れて、実況中継が盛りあがりました。２００９年から映画『ひとりかくれんぼ』シリーズが公開されていったことで、一般にもその名前が知られるようになりました。

危険が伴うものなので詳細は省きますが、「ひとりかくれんぼ」は、人形やぬいぐるみに米と自分の爪を入れて、深夜にかくれんぼをするというものです。自分が隠れている間に人形が探しにきたり、怪奇現象が起きたりするといわれています。用意する道具が多く、手順が複雑なので、興味本位でやるにはハードルが高い。認知度のわりに実行した人は少ない気がします。

推測ですけど、「ひとりかくれんぼ」は呪術師や陰陽師のような、お祓いや降霊術に関して専門的な知識のある人が考案したものだと思うんです。だれかが遊び半分で作ったものではない。島根県のとある呪術師にも聞いたことがあるんですが、「ひとりかくれんぼ」に関しては「非常に理に適ったやり方なので、効果があるぶん、危険を伴う降霊術だ。素人が興味本位では絶対にやってはいけない」と警告していました。

実際の話、「ひとりかくれんぼ」を実行した人は、奇妙な体験をする確率がとても高いんです。

真っ暗にした部屋の中を人形が歩きまわった痕跡が残っていたり、テレビのチャンネルが勝手に切り替わったり、精神に異常をきたして2階から飛び降りてしまった人がいたり……。数ある降霊術の中でも成功率が高いぶん、危険度も高いといえます。

山ちゃんの聞いたノイズ音

芸能界で「ひとりかくれんぼ」を体験した人といえば、「南海キャンディーズ」の山ちゃんこと、山里亮太さんです。関西ローカルの深夜番組の企画でした。

「ひとりかくれんぼ」は、絶対にひとりでやらないといけない。そうでないと、居合わせた他人が呪われてしまうといわれています。でも、山ちゃんはとにかく怖がりなので、「ひとりになるのは絶対に嫌だ」と譲らなかった。

企画を中止するわけにはいかないので、ディレクターさんはこんな提案をしました。

「僕らも部屋の中にいるから、山ちゃんは10分だけ押入れに隠れてもらって、『ひとりかくれんぼ』をやりました、という場面だけ撮らせて」

と。山ちゃんは「絶対にいてくださいよ！」と念押しして、押入れに入りました。

しかし、山ちゃんが押し入れに隠れている最中、外から、不思議な音が……。

「ジジジジジ……ジジジジジ……ジジジジジ……」

こういう、ラジオの周波数を合わせるようなノイズが聞こえてきたそうです。

山ちゃんは、「これは音声さんが仕事をしてくれている、機材が鳴っている音なんだ」と思って、むしろ安心したそうです。

でも実は、「外で待っているから」という約束は嘘だったんですね。実際は山ちゃんをひとりにして、撮影していたんです。騙したのはひどいですけど、番組としては「ひとりかくれんぼ」の術式のとおりに撮影されていました。

となると、山ちゃんが聞いたノイズ音は音声機材のノイズではなく……なんだったんでしょう。もし、あの場にもう少し長くいたら、本当に危険なことになっていたかもしれません。

人形から抗議された！

僕が初めて「ひとりかくれんぼ」をやったのは２００７年前後。手相や心霊の仕事を始めたばかりのころで、ネットでも流行っていたので、後輩の部屋に押しかけて体験しました。思えば、とても申し訳ない企画でしたが……。

結果は、怖ろしいものでした。

人形から隠れているときに、明らかに「パラパラ……パラパラ……パラパラ……」という音が聞こえていたんです。一連をカメラで撮影していたのですが、その音はしっかり記録されていました。

そして、「ひとりかくれんぼ」を終えて部屋を明るくすると、フローリングの床にお米が落ちていました。人形が僕を探して歩きまわったときに、お腹の中に詰めてあったお米がこぼれ落ちたとしか思えないんです。

術式のしめくくりとして人形を燃やして供養するんですが、そのときにも怖い目にあいました。火をつけたら、不意に人形が破裂したんです。そして、中に詰めてあったお米がバチバチバチッと飛び跳ねて、僕の顔面に直撃しました。

あげく、その夜から、その部屋では奇妙な物音が聞こえるようになってしまいました。後輩はすぐに引っ越したのですが、人形にも後輩にも悪いことをしましたね……。

しばらくは懲りていたんですが、数年前にまた番組の収録で「ひとりかくれんぼ」をやることになりました。しかも、心霊スポットでやろうという企画です。こういう職業の人間として、断るわけにはいきません。術式をしっかり確認して、間違いがないように臨みました。

やはり、そこでも奇妙なことが起きてしまいました。

術式自体は、順調に進んでいたんです。意外にも機材の故障は起きなかったし、霊みたいなものが写りこむこともなかった。

でも、最後に僕が人形を見つけて、固定カメラの前に持ってこようとしたときでした。

「捕まえた人形はこちらです！」

と人形を掲げた瞬間、カメラの首がカクン！……と落ちたんです。

カメラさん曰く、「しっかり固定したカメラが勝手に下を向くなんてことはあり得ない。もしもネジが緩んでしまったのであれば、徐々に下を向くはずだ」というのに……。

もしやこれは「見つかった（負けた）瞬間なんて見られたくないから、そこを映すな！」という人形の抗議だったのでしょうか。

人形を使ったセルフ厄除けだった!?

人形（ヒトガタ）のものに名前をつけるだけでなく、自分の爪や髪の毛を入れたりすることで、そこには魂や心が宿ります。「ひとりかくれんぼ」はある意味、自分で自分の分身を作って、自分に自分を探させるという見方もできるわけです。

実は、心霊スポットのような危険な場所に足を踏み入れるときには、自分の身代わりとして爪や髪の毛など、自分の体の一部を置いておくと、そこに霊が集まるから自分自身は守られるという、厄除けの考え方があるんです。また、髪の毛や爪の代わりにお金を置いておくことから「身銭（を切る）」という言葉が生まれたといわれます。

もしかしたら、「ひとりかくれんぼ」の術式は、ぬいぐるみに悪いものを引き受けてもらうためのものかもしれません。

「ひとりかくれんぼ」では、最後に人形やぬいぐるみを刃物で刺して、燃やすという手順を踏みます。これは、それまでの自分に決別する、厄除けの儀式とも考えられます。

というのも、僕自身、2回のひとりかくれんぼの体験で、僕個人に対する霊障のようなものはまったくなく、むしろ仕事が好調になりました。

もし、何かに悩んで悩んで、本当に追いこまれているという人は、最終手段として「ひとりかくれんぼ」にトライしてみてはいかがでしょうか?

ただし、何が起きても責任は負いかねますが……。

日本最恐の心霊スポット

慰霊の森で見た「何か」

夏になるとテレビでも心霊系の企画が増えます。ここ数年は毎年のように猛暑ですが、怪談などで怖い思いをすると、身体の表面温度が一時的に3～5度も下がる効果があるそうです。その意味で夏に怪談話をすることはメリットもあるわけですが、怖さと暑さと、どっちがマシでしょうか（笑）。

心霊スポットの企画で、候補には上がってもなぜか毎回ロケ直前で取りやめになる場所があります。そのひとつが、岩手県にある慰霊の森です。

慰霊の森は、僕が仲よくしてもらっている岩手出身の陰陽師の方も「あそこはやばい」というくらい危険な場所です。

実は、彼はこんな体験をしたそうなんです。

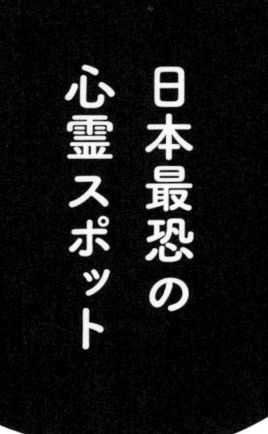

高校時代のある晩、彼はある友達グループ４人で慰霊の森に肝試しをしにいきました。でも彼自身は森の入り口付近で「ここはやばい」と感じて気持ちが悪くなり、動けなくなってしまったそうです。一番仲のいい友達が近くのコンビニまで付き添ってくれたのですが、残りのふたりは引き止めたのに森に入ってしまった。

コンビニで待っていると伝えたのに、そのふたりはなかなか戻らない。そのまま夜が明けてしまいました。

明け方までコンビニで待ちつづけた彼と友達の前に、一台のパトカーが現れました。

「何かあったんですか!?」

すぐに彼らはお巡りさんに聞いてみたのです。

「慰霊の森で、老人ふたりの死体が発見された」

この答えに驚いたものの、自分たちの友人ではないと思ったふたりは安心して、行方不明のふたりについて相談しました。

ところが、ふたりについての情報を聞いた警官が、不思議そうな顔をするのです。高校生ふたりの特徴が、見つかった老人ふたりと酷似している……。

実はその亡くなっていた老人ふたりが、彼らの友達だったんです。何を見たのか、たった一晩で急速に老けて、亡くなってしまっていたなんて……。

慰霊の森は、間違いなく一番危険なホラースポットでしょうね。心霊ロケの現場にすることは、やはり避けるべきでしょう。

青でも注意の清滝トンネル

心霊ロケで印象的なのは、京都の有名な心霊スポット「清滝トンネル」でのことです。

ここは、トンネルの入り口にある信号が青のときは、一度スルーして赤を待ち、また青になってから入らないといけません。なぜなら最初の青は霊に「呼ばれている」からだといわれています。

また、トンネルを抜けたところには、なぜか真下を向く鏡が高さ3メートルくらいのところに設置されているんです。そのある下向きのミラーには、自分が死ぬときの姿が映るそうです。何も映らない人は、死期が近いんだとか……。

僕もミラーを見上げてみたところ、鏡の表面の劣化のせいかもしれませんが、自分が老化したように見えました。予期された姿だとしても、遠い遠い将来のことだと思いたいです。そしてよく見れば、ミラーの横には982個も「正」の字がビッシリと書かれていたし、昼間でも怖そうなスポットでした。

しかも、ロケの最中、ディレクターさんが「今、あっちにオジサンがいましたよね？」と急にいい出したんです。その方向に行ってみると、そこには見事にお墓がありました。「お墓だ！」と思わず声が出た瞬間、カメラの音声が途切れました……。

ちなみに翌日、そのディレクターさんの息子さんが階段から落ちて怪我をし、僕はぎっくり腰になりました。

心霊番組に数多くかかわっている僕がいうのもおかしいのですが、いわくつきの場所へは、気軽に行かないに越したことはありません。

ボロ旅館での肝試し

もう20年くらい前、今やテレビに毎日出ている超売れっ子の芸人Aさんがまだ若手だったころのお話です。

ある先輩芸人に連れられ、Aさんは若手芸人のひとりとしてロケに参加しました。

その番組は、食事先でごちそうが出されて喜ぶと先輩しか食べられなくて、移動シーンは先輩だけ高級車で若手はそのあとを走って追いかけるというもの（笑）。「お前らも売れたらこんないい生活ができるんだぞ！」というお約束のオチで笑わせる番組でした。最後は、「今日一日頑張ったご褒美に、一流の人しか泊まれない高級旅館を用意したから」というフリに喜ぶと、到着してみたら廃校を利用したボロボロの旅館だったというオチで、ロケは無事に終了しました。

その日はもう遅かったので、若手芸人たちはその旅館に泊まらせてもらうことになりました。

みんなで宴会をして盛り上がっていると、廃校だけあってやはり怖い。自然と「ここやばいよなあ」「肝試ししようぜ」という流れになったそうです。

その場で決めたルールはこんなものでした。まずだれかひとりが一階の保健室に行って紙を置く。そして、ひとりずつ保健室に行って、その証拠に自分の名前を紙に書く。そして、最後のひとりが紙を持ち帰る——。

そのルールで肝試しをしたところ、みんなギャーギャー怖がりつつも、そこは芸人なので、名前の書き方で笑いを取りにいくことに。

なんだかんだで最後のひとりが無事に持ち帰った紙を見返すと、紙の隅にちいさーく書かれた名前に「読めねぇよ！」、震える字で書かれた名前には「どんだけ怖いんだよ！」などと突っ込むなど、ある種の大喜利になって盛り上がったそうです。

そのなかで一番ウケたのが、紙の裏に書いてあった普通の名前。だれも知らない、そこにいる人たちにはまったく関係のない名前が書いてあって、みんなで「だれだよこれ！」なんて大爆笑して眠りにつきました。

翌朝になって、旅館の女将さんに「ありがとうございました。昨晩はお騒がせしました」と例の紙を見せたところ、そこに書かれた名前を見て、女将さんの顔が瞬時に変わったそうです。

「裏の名前は、どなたが書いたの？」

そう聞かれて考えてみると、実はだれも書いていない名前でした。みんな、他の芸人が書いたと思い込んでいたんです。

すると女将さんはこういいました。

「これ、殺されたうちの主人の名前です」――と。

怪談は進化する

死者の恩返し

顔色の悪い女性を乗せたら「お墓まで……」というタクシー怪談は定番ですね。実際、運転手さんはそういった体験を多くされているそうです。

これは東京のあるタクシーの運転手さんから聞いたお話です。

都心部から千葉までお客さんを乗せた後、何台ものタクシーに素通りされている女性を見かけました。

「ずいぶん間の悪い人だなぁ」

なんて、見るに見かねて声をかけたら、行き先は東京だといいます。タクシーは営業エリアが決まっていて、東京都内で営業する運転手さんは千葉でお客さんを乗せられないのですが、東京に戻るお客さんを乗せるのであれば問題ありません。運転手さんにとっても帰り道になるわけで、すごくラッキーなお客さんだったんです。

都内に戻って、住宅街に入った先が目的地。車が入れないような狭い路地の先に家があると、その女性はいいます。ただ、手持ちのお金が足りなかったらしい。

「お金をもってきます」

といって路地の先へ消えていきました。

ところが10分たっても20分たっても戻ってこない。

運転手さんは「やられたかな」なんて不審に思って、女性が消えた路地へ歩いていきました。

すると、その先の家では、お葬式が行われていたんです。

不思議に思った運転手さんは、その家のお母さんらしき人に、千葉のどこそこで若い女性を乗せて、ここまで乗せてきたことを話しました。

すると、お母さんらしき女性は、なぜか「ありがとうございました」と感謝しながら代金を払ってくれたそうです。

実はそのお葬式は、消えてしまった女性のものでした。

その若い女性は、その家の娘さんで、数日前にタクシーに乗った場所で事故に遭って亡くなっていたそうです。彼女のお母さんは、タクシーの運転手さんが娘の魂を家に運んできてくれたと思い、お礼をいったんでしょうね。

運転手さんは最後まで半信半疑だったそうですが、その後、びっくりするくらいお客さんとの巡り合わせがよくなって、業績がトップになったそうです。もしかすると霊の恩返しなのかもしれません。

ＳＮＳで発覚した心霊写真

ネット社会だけあって、最近はＬＩＮＥやＴｗｉｔｔｅｒの怪談が話題になることも多くなってきました。さかのぼって考えてみると、留守電、ポケベル、携帯電話、メール、カーナビなど、テクノロジーの進化や時代とともに怪談も進化してきましたから、当然のことだと思います。

僕自身、ＳＮＳを介して怖い体験をしたことがあります。

ある夏、ある女性が亡くなったといういわくつきのダムで夏にロケをしたときです。休憩時間に撮った写真をマネージャーがなにげなくＳＮＳにアップすると……。

「右上に女の人が写っている！」

という書き込みが殺到して、撮影現場が騒然となりました。結局、画像の正体はわからずじまいだったんですが、その後も、現場からかけた電話に水の中のようなノイズが入って聞きづらくなるなど、そのロケでは奇妙なことが続いたんです。

ともあれ収録は終えたんですが、決定的だったのはオンエア時。

視聴者の方から「島田の声と口の動きがなぜズレてるんだ?」という問い合わせが数多く寄せられたんです。編集をしたときはもちろんそんなことはなく、異常が発生したのはオンエアだけでした。

ネットで心霊現象を集団目撃

これは、ある男子大学生が居酒屋でのアルバイトを終えて、駅のホームで最終電車を待っていたときの話です。

閑散としたホームの端で、ワンピース姿の女の子が、髪を振り乱しながら、線路に落ちそうなくらいフラフラしている。どうやらひどく酔っぱらっているらしい。

彼はスマートフォンで「駅のホームで女の子が泥酔してる」とSNSに投稿しました。すると友だちから「顔が見たい!」という返事がたくさん来たので、コッソリと彼女の写真を撮ってシェアしたんです。

案の定、「かわいいね」「介抱しなよ」という面白がった反応が集まりました。

ところが、しばらくすると状況が一変。

「そんな女はどうでもいいから早く逃げろ！」

「お前ら、さっきの写真をもう一度よく見てみろ！」

という反応が混ざってきたんです。

そこで画像をよく確認すると、写っているのはフラついている女の子だけではありませんでした。そこには、彼女の長い髪の毛をグッとつかんでホームに引きずり込もうとしている手も写っていたのです！　その女の子はフラフラしていたのではなく、見えない手に線路に引きずり込まれそうになっていて、必死でもがいていたんです！

その手に全員が気づいてからは「逃げろ！」「逃げろ！」と嵐のような投稿が並んだのですが、その男子学生は正義感が強かったんでしょうか。「今から助けにいってくる」という投稿を残して、ＳＮＳから離脱しました。それが、ネットで確認できる彼の最期の投稿になったそうです。

霊界からの「既読」

ＬＩＮＥにはこんな話があります。

結婚を約束したカップルが、式場を観に行く約束をしていた日のことです。新婦は準備に手間取ってしまいました。

「遅刻するから待ち合わせを30分遅らせて」

とＬＩＮＥでメッセージを送信しておいたんですが、新郎はそれに気づかずに家を出てしまった。そして不幸にも、式場に着く途中で交通事故に遭い、帰らぬ人に……。

彼女は「なぜ電話をしなかったんだろう。直接、電話で話していれば、彼が事故に遭わなくてすんだのに……」とものすごく後悔しました。その日から彼女は、読まれることのなかったＬＩＮＥの画面を見ては苦しんでいたそうです。

時は過ぎて、新郎の四十九日。

落ち着きを取り戻した新婦は、お墓の前で「本当にごめんなさい」と謝ることができました。そして、スマホの画面を見ると、最後に送ったメッセージが「既読」になっていたそうです。

身近によくある霊との接触

死期がせまったときの「あるある」話

生死の境から生還した人の証言例には共通点があります。表現は違いますが、みなさんいわゆる三途の川と呼ばれる境界線の向こう側から、鬼のような何かに呼びかけられたとき、「向こうへ行っちゃダメだよ。こっちに戻っておいで」と、亡くなった祖父や祖母、知らない人たちに呼び戻されたそうです。

生還した人は口を揃えて、こういいます。

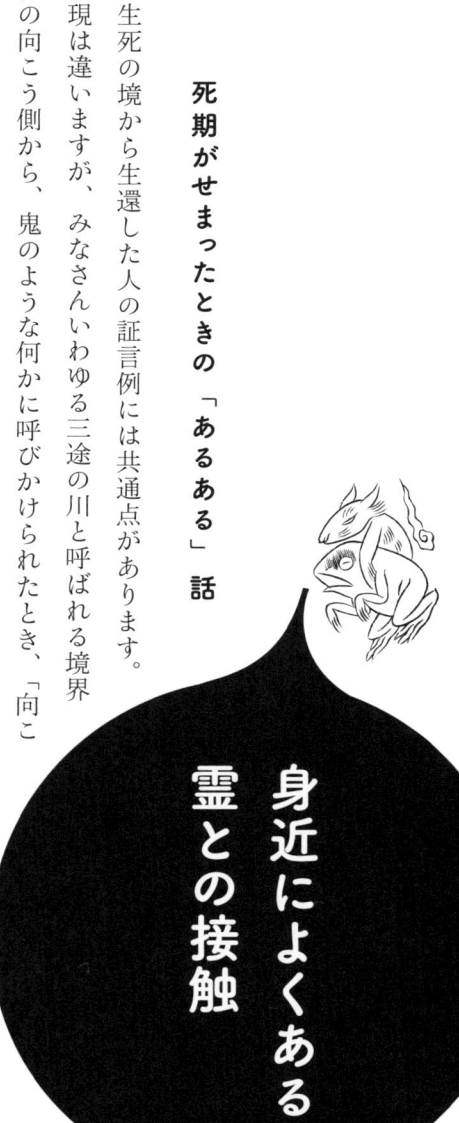

「川の向こうの鬼たちよりも、後ろから呼び戻そうとする人たちの人数のほうが多かった」

生還した人からしか話を聞くことができないので因果関係はわかりませんが、もしや、待ち構える鬼たちと、呼び戻すご先祖や知人の人数の差で生死が分かれるんでしょうか?

だとしたら、ひとりでも多くのご先祖様たちに守ってもらいたいですね。お盆にはお墓参りをしたほうが、死に直面した際に「生」に引き戻してもらえる確率が高まるかもしれません。

また、病院の看護師さんたちからは、死期が近い人たちに共通する3つの予兆を聞いたことがあります。

「昨日、どこかのお孫さんと遊んだんだけど、どこの男の子かねぇ?」

病院にそんな子どもは出入りしていないのに、その患者さんは会ったという。そんなことを口にすると、その後に亡くなることが多いそうです。

僕らは死に神のルックスを、鎌を持ったガイコツのようにイメージしているけれど、もしかしたら死に神は、病院に出入りしてもおかしくないような、小さな男の子の姿をしているのかもしれません。

また、重度の痴呆症の患者さんが、急に正気を取り戻して家族の名前を呼んだり、「いつもありがとうね」なんて感謝をすると、一両日中に亡くなることが多いそうです。神様からの最期のプレゼントなのかもしれないですね。

もうひとつ。「こんなに気持ちいい夢があるなんて！」というくらい最高に素晴らしい夢を見た人も、先が短いといわれています。

自分が死んだり殺されたりするほうが吉夢だという説があるので、逆に最高にいい夢は危険なんだとか。

生き霊は突然飛んでくる

ある年の冬、体調が最悪だったことがあります。5～6年ぶりに風邪をひいて39度まで熱が出たり、流行りのウイルス性腸炎にかかったり、それが治ったと思ったら次はぎっくり腰！

今思えば、生き霊を飛ばされていたからだと確信しています。

発端はその数か月前、ラジオの仕事を終えて建物の外に出ると、中学生くらいの男の子が待っていました。

「最近ツイてないので手相を見てもらっていいですか？」

そういわれたので、励ます気持ちで見てあげて、いくつかアドバイスをしたんです。

でも、別れ際に握手をすると、彼は、ゾッとするほどぐぐ～～っと力を込めて握ってきて、正直、ちょっと気持ち悪かったんです。

そしたらその夜、事務所の駐車場に車を停めて外に出ると、そのまま車がスーッとバックして壁にガシャン！　いつもの止め慣れた場所ですし、ちゃんとサイドブレーキをかけてあったのに……。

その後、僕自身への災難は目立たなかったんですが、飼っているフレンチブルドッグの元気がなくなってしまいました。半年間くらい何を食べてももどしたり下痢になったり。病院で診てもらっても原因不明。ドッグフードを変えても治らない。

霊能者の方に相談したところ、こう、ポツリ。

「その男の子に生き霊を飛ばされたのかもね……」

僕自身ではなく、愛犬に？　と思いましたが、生き霊は、飛ばされた人の力が強い場合、近くにいる弱い存在に悪影響を及ぼすとか。特に忠誠心の強い犬は、飼い主の身代わりになりやすいそうです。

このように、自分に災難がなくても、周囲に突然異変が起きた場合は、生き霊を飛ばされている可能性はゼロではありません。家族がだるそう、ペットが不調、家の電球がパーン！　と切れるといった現象が重なったら、要注意だとか。

対処法としては、和紙を人の形に切り、自分の名前を書いて、自宅のどこか、他人の目につかない場所に貼ること。それが身代わりになってくれるそうです。

僕は和紙を犬の形に切って、ペットの名前を書いて貼ってみたところ、愛犬は3週間くらいですっかり元気になりました。それと入れ替わりに、僕の体調が悪化しちゃったんですけどね（苦笑）。

自分の顔と名前を出して活動する職業は、生き霊を飛ばされやすいものです。特にアイドルは大変で、握手会で何千人、何万人と握手をしたあと、ぐったりして立てなくなってしまうという話を聞きます。手からはよくも悪くもパワーが出ていますからね。

僕自身、手相を見るときに、一瞥しただけでびっくりすることが。

「うわ！　気持ち悪い！」

と目をそらしたくなることもあります。手相を読み取る以前に、直感してしまう。

そういう人の手相はやっぱり運気悪くて、見るだけでグッタリ。逆に、調子がいい人の手相なら、何十人でも立てつづけに見ることができます。

手って「何か」が出ますよね。僕はあのとき、男の子との握手で「何か」をもらってしまったのかもしれません。

持ち物に邪念が宿る

昔、出演したライブの差し入れでいただいた肉じゃがに、細か〜く刻んだ髪の毛がたくさん入っていたことがありました。髪の毛は消化されにくくて、内臓に刺さるなんて話もあります。もしかして僕のことが相当嫌いだったんでしょうか……。生き霊よりも具体的な邪念を受け取ったためかテンションが下がっちゃって、その日のライブは思いっきりスベりました（苦笑）。

また、ある女性が婚約中、他の男性を好きになってしまった。しっかり説明して、婚約を解消したのですが、あるときから手に原因不明の湿疹が発症したそうです。さらに別れを受け入れたはずの元カレがストーカー化してしまった。

実はその女性、元カレから贈られた婚約指輪をもらったままにしていたんですね。それを処分すると、湿疹が治り、元カレはストーカー行為をやめて他の女性と交際を始めたとか。

だれかからもらったものは、相手の気持ちを受信するアンテナになってしまうそうです。自分から別れた場合は特に、自分のためにも相手のためにも、もらったものは処分したほうがいいと思います。

死んだ人の霊よりも生き霊のほうがパワーがある。そのうえ、飛ばしている本人に自覚がなかったり、因果関係がなかったりするからタチが悪い。何かおかしいなと思ったときは、人形の和紙を身代わりにしてくださいね。

霊との上手な付き合い方

霊の残り香も消す消臭剤

心霊スポットに行ったり、怪談話を聞きすぎたりして、気分や体調が悪くなったという人は多いです。知らないうちに、霊に憑かれているのかもしれません。

憑かれたと思ったらどうするか？

霊能者の方に教えてもらったんですが、なんと市販の消臭・芳香剤で有名な〝F〟が効果があるんだそうです。除菌だけじゃなくて除霊もできるとは意外ですが、たしかに空気が澄むと気持ちいいですから、霊にとっては居心地が悪くなるのかも？

あと、伊勢神宮ゆかりのお清め除霊スプレーも話題です。ボディソープとかヘアトリートメント、ヘアシャンプー、キャンドル、ハンドジェルなどバリエーションがあって香りもついていて、女性に人気だそうですよ。とある超有名アイドルグループも愛用していて、効果を実感しているんだとか。

それでもダメな場合、僕は鍼治療にいくことにしています。鍼を刺すことで、体内から悪いもの、毒素を出せる感覚があるんです。それで僕は、心霊スポットのロケで持ち帰ってしまったぎっくり腰を治しました。普通に鍼が効いたのかもしれませんけどね（笑）

そもそも心霊スポットに行かなければいいんですが、行ってみたい気持ちはよくわかります。

僕からのアドバイスは、現場でいたずらに怖がらないこと。霊は、怖がっている弱い心の隙間にスッと入ってくるといいます。「怖いな」「何か変だな」と感じたときは、みぞおちのあたりに力を入れて、強い気持ちを持ちつづけるように意識してください。

そして、心霊スポットからは自宅に直帰しないこと。

コンビニでもレンタルビデオショップでもなんでもいいので、どこかに寄り道してワンクッション挟むことをおすすめします。立ち寄った場所に霊を置いてくるというわけでもないのですが、1～2か所に寄り道すると、憑いてきた霊がスーッといなくなるんだとか。

寄り道をしてもなお気持ち悪さが残る場合は、お風呂！　日本酒と塩を少量入れた湯船に浸かって身体を清めてください。これは除霊にはかなり効果的です。

霊能力の開眼法

霊に憑かれて大変だった、なんて話も多いんですが、逆に「幽霊を見たい」「心霊体験にあこがれる」なんて人もいます。見ない人はまったく見ないですからね。

ある番組のＡＤさんは、故郷の沖縄にいたころは人の心が見えすぎて悩んでいたそうですが、東京に出てきたらその力がピタッとなくなってしまったとか。また、すごい霊感があって相談が殺到していた霊能者も、お金儲けに走った途端に霊能力が消えてしまった、なんて話も聞きます。

ある時期から霊能力が目覚めてしまったという方もいます。とあるミュージシャンの方は、霊感の強いスタッフと一緒にいる時間が増えたことで、潜在的な能力が開眼してしまったそうです。その人は「20歳までに霊を見なければ一生見ない、という説はインチキだ！」って怒っていました（笑）。

もし霊能力を自分で開発したいという人は、力のある人に引きあげてもらうのもひとつの方法です。その人を通して、霊界との波長が合っていくわけです。

霊体験をする人はよく、「耳元でラジオのチューニングをしているような、ザーザーザーッというノイズが鳴る」といいます。この章の最初でご紹介した、「ひとりかくれんぼ」の最中に南海キャンディーズの山ちゃんが聞いた音も、それかもしれません。その音は、霊界がその人に波長を合わせようとしている音だといわれています。

また、霊を見る視力の訓練方法もあります。

それは、死後の世界を覗けるといわれている〝死角〟に意識をもっていく方法。視界の左右ギリギリの端は、視力が及ばないので死角といわれますが、霊的な世界を見てしまう角度でもあるそうです。

そこに意識を集中すると、色彩がややモノクロがかっている中を、スーッスーッと何かが通るようになるんだとか……。

霊能力を開発したい方は、こうしたトレーニングに挑戦してみてはいかがでしょうか？　ただし、変なものが見えるようになっても、知りませんよ？

怪談上手はトークも上手い

怪談を上手に話せるようになることは、おしゃべりが上手になるということなんです。なぜかというと、怪談にはつかみがあってオチがあり、飽きさせないために抑揚をつけなくてはいけない。にわかには信じられない内容だからこそ、臨場感のある雰囲気作りがとても重要。怪談にはトークの基礎が全部詰まっています。

芸人でなくても、トークやプレゼンが上手くなりたいなら、ぜひ怪談を練習してみてください。ポイントは、次の５つです。

【1】冒頭の情景描写は具体的に

「昔、関東の某県T市で、A子さんというOLさんが……」と匿名だらけの情報を並べられても、イメージが湧きづらい。

Column

怪談は、どれだけ聞き手に想像してもらうかが勝負です。

「4年前の8月、お盆の時期に、茨城県のつくば市で看護婦のトモコさんが……」と具体的に語りましょう。リアリティが格段に違います。正確な情報が不明でも、怪談は報道ではないので、それらしい地名をあてはめて問題ありません。

【2】導入は、あえて小声で

怪談はどれだけ相手を集中させるかも大切です。あえて小さい声で話しはじめると「声が小さいなあ」と思われて、反射的に前のめりになります。聞こえなさすぎたら逆効果ですけどね。

このテクニックは、有名な落語家さんも観客の気持ちをつかむために使っているそうです。その後も内容に応じてボリュームに大小をつけてください。

【3】会話劇で臨場感アップ

「友達と廃墟に行ったんです。『怖いけど入ってみるか』ギー……『（突然大声で）失礼しまーす！』『何だよお前！』『いや、怖かったから挨拶しようと思って』『案外きれいじゃね？』『たしかに。けっこうなお宅ですねー！』すると……」

このように、できるだけ会話のやりとりで持っていくほうが臨場感と感情が伝わって、聞き手の気持ちが乗りやすくなります。

【4】緊張と緩和を大切に！

怖いトーンの一本調子では集中力にも限界があります。オチ前に一回ホッとさせることで、オチの恐怖を倍増させることができます。ホラー映画も、逃げ切れたと思ってホッとしたところを襲撃されがちですよね。

【5】擬音は3回

稲川淳二さんの怪談をイメージしていただくとわかりやすいと思いますが、

「気持ち悪い音が近づいてくるんですよ。ズルズルー、ズルズルー、（一拍待ってからやや大きな声で）ズルズルー！」

など、稲川さんは絶対に擬音を3回繰り返すんです。近づいてくる感じが高まりますよね。そもそも、よくある擬音は2回の繰り返しが多いんです。なので、3回目の擬音を聞くと、妙に気になる印象になるんです。

これらを踏まえて、怪談の練習をしてみてください。音声録音や動画撮影のアプリを使って、自分がどんな風に話しているのかを客観的に検証すると、修正点がよくわかって飛躍的に上達しますよ。

4

お部屋探しの危ない噂

事故物件の「告知事項」

関西で有名なスポットですが、かつて大火災が発生したデパートの跡地に建っている家電量販店では、今でも霊現象が多発しているそうです。

エスカレーターを不自然に配置している理由は、被害がひどかった上層階から霊が下に降りてこられないようにするためだとか、閉店後の毎晩深夜0時、全館内に大音量のお経を流しているらしいという噂もあります。

一時期は、建物の真下で客待ちをしているタクシーの屋根に「ドーン！」という落下音が響くのに、ボンネットを確認してもだれもいないという怪現象が多発したといいます。おそらく、火災当時に飛び降りて亡くなった人たちの霊だろうということで、やむを得ず、タクシー乗り場を建物から離れた場所に移したそうです。

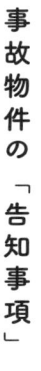

このように大規模な事例はさておき、一般的な事故物件、つまり、入居していた方が亡くなるなどした物件の見分け方は、物件広告に小さい字で記載されている「告知事項あり」という一文に注目することです。この場合、業者から契約前に事故物件である旨の説明がなされます。

ただし、その次の入居者には告知義務はなくなってしまうことには注意が必要です。また、事故物件の上下左右の部屋や、エレベーターや屋上といった共有スペースに関しては、告知義務そのものがありません。ですから過去の事故物件も含めて気になる人は、「この建物で、過去に事件や事故はありましたか?」と聞くのが手っ取り早い方法でしょう。告知義務はなくとも、借り主からの質問に嘘はつかないはずですから。

事故物件公示サイト「大島てる」を使うのもいいと思います。

サイト管理人の大島てるさんが「借り主は事故物件の情報を知る権利がある」という熱意で始めた情報サイトですが、最近は、不動産業者が「大島てるに掲載されていないから事故物件ではない」と証明するツールとして使っているくらい、バリューのあるサイトとなっています。

日本酒は心霊探知機!?

物件選びで気になるのは、家賃、間取り、場所などはもちろんですが、〝いわくつき〟かどうかも、知りたいですよね。自分で「変だな」と気づく霊感を持っている人はともかく、気づかないまま契約してしまったら、アンラッキーに見舞われることにもなりかねません。

霊感がない人は、内見のときにワンカップでもいいので日本酒を持参してフタを開け、それを部屋のどこかに置いておき、翌日に味見をしてください。そのときに、明らかに味が悪く変化していたら、その物件はあまりおすすめできません。日本酒にはお清めの効果があり、その部屋に漂っている悪い気を取りこむといわれているからです。

連日の内見は不自然かもしれませんが、こんな風に頼んでみてはいかがでしょう。

「契約する前に、夜の騒音と、昼間の日当たりを確認したいので、土曜日の夜と、日曜日の昼と、2回内見できますか?」

もしも日本酒が見つかってしまったとしても、事故物件に住みたくない! という思いを正直に話せば不動産のスタッフさんもわかってくれると思います。もちろん、事故物件でなくても霊が出る場所はあるわけですが……。

もしも新しい家に住みはじめてから、それが〝いわくつき〟の物件だと判明した場合はどうすればいいのでしょうか。

前章でもご紹介しましたが、毎日湯船に日本酒と塩を少量入れて浸かり、汗をたっぷりかいてください。そして家の玄関などに盛り塩を欠かさないこと。

そして、白い和紙でお米を包み、就寝時、枕元に置いておきましょう。本当に霊障があるのなら、最初は一晩で茶色く変色するはずです。それが日に日に白くなっていくなら、少しずつ、除霊ができている証拠といわれています。

それでも効果がない場合は……やはり転居をおすすめします。

「見える人」の意見を聞かないと……

出版業界で有名な、いわくつき物件にまつわるエピソードがあります。

ファッション誌のカメラマンのアシスタントをしている男の子、通称Pちゃんは霊感が強く、かなり「見える」人。その霊感を見込んで、あるカメラマンさんはPちゃんに引っ越し予定の物件を見てもらうことにしました。家賃や間取りなどの条件はバッチリで、あとは霊的なところだけが気がかりだったんです。

ところが、最寄り駅で待ち合わせた段階でPちゃんは、険しい顔でいい切りました。

「やめたほうがいいです。部屋を見なくてもわかります」

と。それでもと、一応は部屋にも入ったそうですが、Pちゃんの意見は変わらなかったとか。

それにもかかわらず、そのカメラマンさんは、そこに住みはじめてしまったんです。目に見えない霊の存在よりも、家賃や間取りなどの具体的な条件のほうを優先してしまったんですね。

数か月後、その後が気になったPちゃんは、そのカメラマンさんに連絡をしてみたそうです。すると、携帯電話はすでに解約されていました。

知人を頼って事情を調べていくと、なんと、カメラマンさんは廃業して故郷に帰っていたそうです。写真の仕事には欠かせない、目の病気で、そのキャリアを終えていました。

実はPちゃんには、その部屋に入ったとき、玄関の横にじっと座っている「目のない女の子」が見えていたそうです。

事故物件を幸運に変える

事故物件とひとまとめでいっても、原因によって家賃や評価額の下がり方が違います。そもそも孤独死があったくらいではたいして下がりません。下がるのはあくまでも、室内での自殺や殺人。一番下がるのは親子心中や一家惨殺事件で、亡くなった人の数が増えれば増えるほど、値段が下がるそうです。

以前、殺人事件が起きた築22年の豪邸が官公庁オークションにかけられ、話題になりました。最低入札金額７５８万円のところ１１１１万円という入札額で落札。相場が２９８０万円だったので、半額以下です。

僕は事故物件を「怖い」「気持ち悪い」と思っていますが、気にしない人にとっては破格の値段で住める魅力的な物件なのでしょう。

そういう考え方の人は意外と多いらしく、以前、大手不動産会社が事故物件を前面に打ちだした広告を作成したところ、その安さに、抽選になるくらい申し込みが殺到したそうです。

芸人でも、「メイプル超合金」のカズレーザーさんと「馬鹿よ貴方は」の新道竜巳さんも、家賃の安さに惹かれて事故物件に住んでいます。

ふたりとも不思議な体験をしたことはいっさいないうえに、事故物件に引っ越してからは賞レースで注目を浴び、仕事が一気に増えだしたくらいです。

霊を気にしない彼らにとって、事故物件のパワーが運気を上げる方向に作用し、出世部屋になったのかもしれません。今後、事故物件を出世部屋として活用したがる、怖いもの知らずの芸人がたくさん現れたら、不動産会社も面倒がなくて万々歳なのではないでしょうか。

霊の通り道も要注意

事故物件というとどうしてもネガティブに捉えられがちですが、ある霊能者の方がいうには、事故物件よりも、霊道にある部屋や墓地のそばにある部屋のほうが、よっぽど霊が出やすいそうです。場所そのものを除霊しても、霊が頻繁に通りがかってしまうのでは効果はありませんね。

たとえば沖縄の人は、霊道のある場所を「神々の住むべき場所」と考えて、不可侵で神聖な場所ととらえています。久高島などは観光地として人気がありますが、沖縄の人

は気安く行くべきではない大切な場所として敬ってい
るのです。
沖縄で、神様が住むとされる場所がリゾート開発さ
れてしまったのですが、そこに、あるトッププロゴル
ファーのIさんが別荘を購入したところ、怪我をして
調子をくずしてしまいました。聖地だと知らなかった
とはいえ、やはり、よくなかったのでしょう。
極端な話、部屋に限らず、その土地で起きた過去の
事件や事故を気にしはじめたらきりがない。
実は、一番信頼できるのは、部屋を内見したときの
「ここ、いい!」「なんか気持ちが悪い」という直感だ
と思います。

個人情報付きのレンタルルーム

不動産屋にとってのリアルな事故物件は、心霊関係よりも、シロアリが発生した家や、数年間に何度も空き巣が入った部屋だそうです。確実にトラブルが起きますからね。

賃貸物件と犯罪にまつわる、こんな噂話があります。

ある女の子が、就職のために上京してひとり暮らしを始めました。毎日が新鮮で楽しくて、今日はどこに行った、明日はここで遊ぶなど、ブログに日記をアップし、地元の友達からも羨ましがられ、大充実の日々を送っていました。

彼女の地元はのどかな田舎だったので、鍵をかけずに外出するのが当たり前。とはいえ東京では彼女も慎重になって、毎日きちんと戸締まりをしていました。

それなのに、帰宅すると、なにかがおかしい。

カーテンをきっちり閉めて出かけたはずなのに、ちょっと隙間ができている。冷蔵庫の飲み物の減りが不自然に早い。シンクの水滴が明らかに新しい。

決定的だったのは、「どこかで水漏れしてる!?」と思うくらい高額な水道料金を請求されたこと。

でも、東京は水道料金も高いのかなあと、なんとなくやり過ごしていたそうです。

そんなある日、彼女は腹痛で会社を早退しました。

そして、帰宅した彼女は、とんでもない光景を目の当たりにします。

玄関にはボロッボロの男性用スニーカーが脱ぎ捨ててあり、あろうことか、自分のベッドには見知らぬ男が寝ていたのです！

驚愕して家から飛びだした彼女はすぐに110番に電話して、男は警察に連行されていきました。

大胆不敵なこの男、何者だったと思いますか？

前の住人が合鍵を使って侵入した、もしくは不動産屋の従業員が合鍵を作って忍びこんでいた――なんてことが考えられますよね？

実はその男、とある闇サイトで、彼女が借りた家の住所と鍵、さらには彼女の顔写真、そしてブログのURLをセットで購入した、というのです。男の証言によると、驚くべきことに、同じセットを購入した〝お客さん〟が何人もいるとか……。

日々、ネットにアップされる情報から彼女の在宅状況は監視され、さまざまな男たちがその部屋に出入りしていたわけです。彼女はつまり、知らず知らずのうちに、複数の男と「同棲」していたんです。

この女性、不動産屋から「1万円で鍵の交換ができますよ」と提案されたのに、新生活はいろいろ物入りなので、ケチって断ってしまったことが致命的でした。

その闇サイトは今でもあるのか、別の形で存在しているのか。それはわかりません。

非常階段に追いつめられて

マンションにまつわる犯罪都市伝説をもうひとつ。

深夜、ひとり暮らしをするマンションに女性が帰宅したところ、エレベーターの前に「点検中」のボードが立っていました。超高層マンションでもない限り、仕方がないので階段を使おうと思いますよね。

その女性が暮らすマンションには非常階段しかありませんでした。彼女は非常扉を出て、非常階段を上がっていきました。

でも自分の部屋の階の非常扉を開けようとしたところ、なぜか開かない。

「おかしいな」

そう思ったときにはもう手遅れでした。

実は、事前にすべての階の非常扉は施錠されていたのです。彼女が異変を察したときには、非常階段を上る女性の後をつけていた強盗犯が……。非常階段は周りから見えにくく、逃げ場もありません。

よくよく考えると深夜にエレベーターのメンテナンスをするでしょうか？　緊急の故障だとしても、警備員のひとりでもいそうな気がします。

でも、ちょっと酔っていたり、疲れていたりすると、頭は回らないものですね。ちょっとでも不自然だな、おかしいなと本能が察知した際は、管理会社などに確認の電話をすることが、自分の身を守る術だと思います。

優しくしたら被害者に

人の親切心につけこんだ犯罪はなかなか防ぐのが難しい。こんな話もあります。

ある女性が夜の公園を歩いていると、小さな男の子が泣いていています。

「どうしたの？」

と尋ねると、男の子は自分の住所を書いた名札を見せながら迷子だという。

近所だったので、彼女はその子を住所まで送ることにしました。

ところが、玄関まで送り届けてインターホンを鳴らしたその瞬間――。彼女は強力な電流に打たれて、気絶してしまったのです！

実はそのマンションの部屋は、子供を使って親切な人を誘い出す強盗グループのアジトだったそうです……。

親切心が仇になる例をもうひとつ。

新幹線の車内で、前の席に座っている人が大量の小銭をバラバラとぶちまけて、

「あー！　すみません！」

と声を上げたらどうしますか？

普通の人は、自分の足下に転がってきた小銭を拾ってあげますよね。

その隙に、フックに吊るした上着のポケットやカバンの財布を仲間が盗み出すというスリグループがいるんだとか……。もう、何も信じられなくなります。

¥100
横断中

風水術で模様替え

住宅にまつわる暗い話が続いたので、明るい話題にいきましょう。

間取りや家具などで風水を意識している方もいると思いますが、運気アップのために部屋の模様替えをする際に、まず試してみてほしいことがあります。

部屋のいろいろな場所に花瓶を置いて、花を活けてみてください。同じ日に同じ花を活けても、元気に咲きつづけるものもあれば、すぐに枯れてしまうものもあるはずです。前者はいい気が流れている場所なので、そこにベッドやソファなど、自分がよくいる家具を置きましょう。逆に、すぐに枯れてしまう場所には、本棚や箪笥《たんす》などを置けば問題ありません。

本気で風水を実践しようと思うなら専門書や専門家の意見を参考にするべきですが、ここでは、簡単に運気が上がる4つの風水術を御紹介します。

まず、玄関に植物を置く。いい気も悪い気も入ってくる玄関は、風水的にとても重要な場所。鉢植えを置くとフィルターの役割を果たしてくれて、悪い気を吸ってくれます。枯れたら新しい鉢植えに替えていくと、どんどん悪い気が減って枯れにくくなります。

次に、冷蔵庫の上には電子レンジを置かない。これはあらゆる住宅開運法の諸説でも厳禁とされています。冷蔵庫は風水で水の属性ですが、電子レンジは火。逆の属性を重ねてはいけないんです。

とはいえ、間取り的にどうしても重ねざるを得ない場合もありますよね。その場合は、木製のすのこなどを挟んでください。

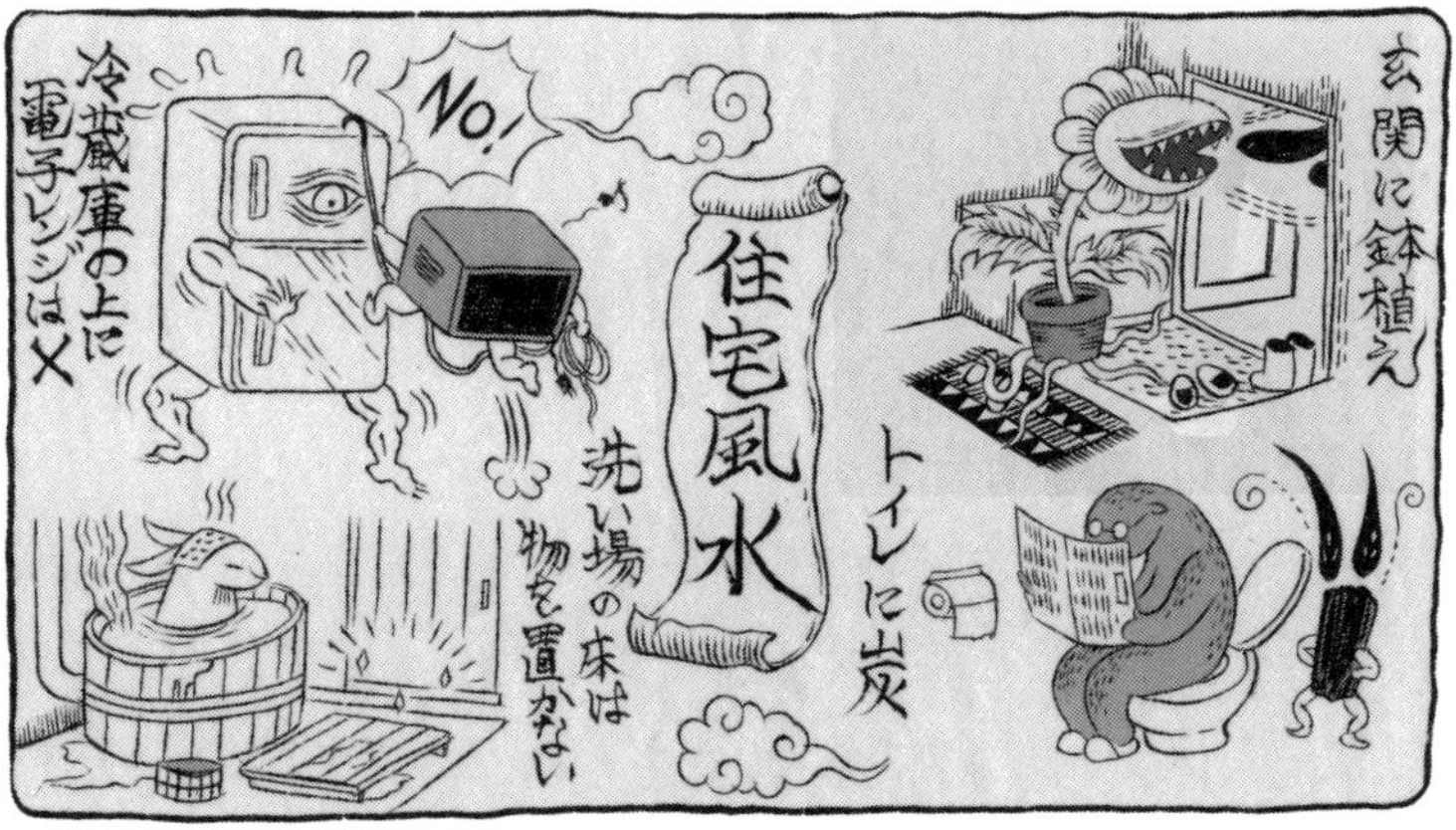

そして、風呂場の床には何も置かないこと。風呂は外で拾った悪い気を洗い流す場所です。汚れが床に落ち、排水口から出ていくので、シャンプーやリンスなどの障害物があると悪い気が居残ってしまいます。

さらに、トイレも同じく悪い気の出ていく場所です。邪気が溜まらないように、浄化作用のある炭を置きましょう。脱臭効果もあって一石二鳥です。

寝るときの方角で開運！

季節の変わり目は、疲れが抜けにくい、どうにもやる気が出ないなど、心身ともに不調を感じる人が増える季節ですね。

そんなときにおすすめしたい風水健康法が北枕です。

日本では遺体を安置するときに頭を北にむける習慣があるので、北枕は縁起が悪いとされています。でも、地球の磁場の走る向きを考えると、北枕は身体がリラックスできる寝方なのだとか。最近疲れていると感じる人は、ものは試しで、枕の向きを北にしてみてください。

また、東はエネルギーや成長を与えてくれる方角です。バリバリ仕事をしたい、アイデアが湧きでてほしいという人は、太陽が昇る東に頭を向けて寝ると、やる気が沸いてくるはずです。

寝ているときでなくても、東を向いているとエネルギーが得られるといわれていま す。外食をするときも、いろいろな向きの席があるカフェや飲食店では、方角をチェックしてから座るといいでしょう。

自宅ではリビングや食卓で東向きの席にポジション取りすると、家庭での信頼感が増し、力強い人物と思われるようになるとか。試験やプレゼン、発表会などに備えて、東向きの〝勝負席〟でパワーをチャージしておくのも一案ですよ。

芸人たちに伝わる開運の家具

浮き沈みの激しい芸能界でも、住宅にまつわる都市伝説や開運法はいろいろありま す。

有名なのが「ザキヤマの白テーブル」。「アンタッチャブル」の山崎弘也さんがある白いテーブルを購入したところ、「M－1グランプリ」で優勝して仕事が一気に増加。そして、新しいマンションに引っ越す際に後輩に白テーブルを譲ったら、彼らもがつぎつぎとブレイクして……という逸話です。

同じようなジンクスで、「今田耕司さんの長財布」も、お下がりを持った後輩たちがブレイクしていきました。また、東貴博さんの自宅にある玉座のような椅子に座ると賞レースで優勝できるという「東MAXのキングの椅子」伝説も芸人の間で話題です。

異色なのが「森脇家の大掃除」でしょうか。

森脇健児さんは、毎年、後輩に手伝ってもらって家の大掃除をするのですが、ある年から、手伝った後輩が翌年にブレイクしていくジンクスが発見されたんです。

そうなると、年末が迫ると、売れたい後輩たちが「大掃除させてください！」と集まってくるようになりました。

ところが、その年末、もっとも懸命に掃除をしたのが、森脇さんご本人だったそうです。さすが息の長い芸能人は、些細なジンクスも逃しませんね！

簡単！霊感チェック法

霊感があるのかないのか、あっても気づいていないだけなのか。そんな感性を手相でもチェックできます。

まず、親指の第一関節の内側に出てくる目のような線「仏眼」は、霊感や特殊な力をもっている人にあるといわれています。

そして、感情線と頭脳線の間に出る十字の線は「神秘十字」。神秘的な力や祖先に守られている、スピリチュアルな力がある人に出ます。これがある人は、パワースポットに出かけて運気をさらにアップするのもいいかもしれません。

霊感の有無は「どんな姿勢で寝ていますか？」という質問でもチェックできます。この質問をされた人が「左向きです」「仰向けです」などと答えたら、すかさず「その姿勢を、どうやって思いだ

Column

しましたか?」と質問してください。

たまに「寝ている自分を上から見下ろすイメージがポンと浮かんだ」という人がいます。そういう人は寝ている間に魂が上から自分を見下ろしているそうです。それも霊感の強さによるものなのだとか。

そして、霊に憑かれやすいタイプも、手相でわかります。

まず「気にしすぎ線」が出ている人は、くよくよしがちなので、霊と波長が合いやす

く、憑かれやすい。同じく、些細なことを気にしやすい性格は手のシワの数に現れます。「しわしわ」な人は、余計なものや霊的なものを背負いがちです。

困ってしまうのが「ボランティア線」。これがある人は人柄がよくて人望に恵まれているのですが、霊にも頼られやすいといわれています。お人好しもほどほどに……！

5

数字と暦の
ラッキー・
ジンクス

一年の計はカバラにあり

数秘術でリスタート！

年明けや年度明けに、心機一転、再スタート計画を考えるのはとてもいいことです。

とくに4月は入学、進級、就職、転勤、引っ越しなど、自分や家族の環境が変わる季節です。新年からのスタートダッシュがあまりうまくいかなかった人は、4月からの再スタート計画を立てると効果的です。

その際にヒントを与えてくれるのが、この1年をどう頑張ったらいいか、そのテーマを数字で教えてくれる「カバラ数秘術」です。

計算方法は、その年の西暦と誕生月、誕生日の各桁を1桁になるまで足していくだけなので超簡単！

たとえば4月19日生まれの人の２０１７年のテーマなら、

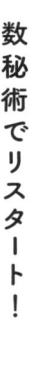

「2＋0＋1＋7＋0＋4＋1＋9」＝24。

ふた桁なのでさらに足して「2＋4」＝6。

この「6」が一年の運気を象徴するといわれています。


以下、数字ごとに象徴される「一年のテーマ」をお教えしましょう。


【1】始まりの年。まっさらな状態なので、とにかくたくさんの種を撒くといいでしょう。新しいことにどんどん手を出してください。

【2】対人運上昇の年。義理と人情を大切に、人とのつながりを意識して誠実に行動すると、いい出会いがありそうです。

【3】ご褒美の年。プライベートでも仕事でも、嬉しいことが起きやすい1年です。迷わずに、勢いのままに動いたほうがいいでしょう。

【4】基礎固めの年。新しいことに手を出すよりも、今の状況で自分自身に何ができるのか、足元を見つめ直す時期です。引っ越しや模様替えなど巣作りにも適した年です。

【5】チャレンジの年。新しい仕事や人間関係、苦手意識のあったものなどに挑戦しま

しょう。闇雲に手をつけるのではなく、本格的に始めることが「1」との違いです。

【6】奉仕の年。自分ではなく人のために動いて、たくさん恩を売っておくといいですよ。お金にならなくても、「ありがとう」とたくさんいわれるようにしましょう。

【7】勉強の年。お金や時間を自分のために使うと、先々で成果が出やすいです。習い事や資格取得に適した年です。

【8】なすがままの年。深く考えず、ここ数年の流れに逆らわず、波風を立てずになんでも受け入れてOKです。

【9】決断の年。よくも悪くも結果が出ます。自分の周辺や内面にある余計なものやいらない人間関係を断捨利しましょう。

お察しのとおり、毎年、数字がひとつ増えるんですよね。種を撒き、人間関係を広げ、ひとまずの収穫を得たら基礎固めを……というサイクルを教えてくれます。

その年のテーマをしっかり意識して、翌年につなげていくことで、「9」の年によい結果を得て、「1」の年によいスタートを切ることができるでしょう。

決着がつく「９」の年

数秘術は世相全体にも通じます。西暦の４ケタを足すだけで、シンプルにトレンドを読むこともできるんです。

たとえば、２０１６年は「２＋０＋１＋６」＝「９」の年でした。集大成、けじめ、収穫、別れ、決断を表す一年だったわけです。２０１７年は「２＋０＋１＋７」＝10で、「１＋０」＝「１」の年。２０１７年に仕切り直してスタートするために、決断を先送りにしてきたことに答えを出すのが２０１６年全体の運勢だったんです。

少し振り返ってみると、２０１６年は、長年交際してきたカップルがいよいよ結婚を決意する流れがある一方で、危ないといわれてきた夫婦やカップルが別れ

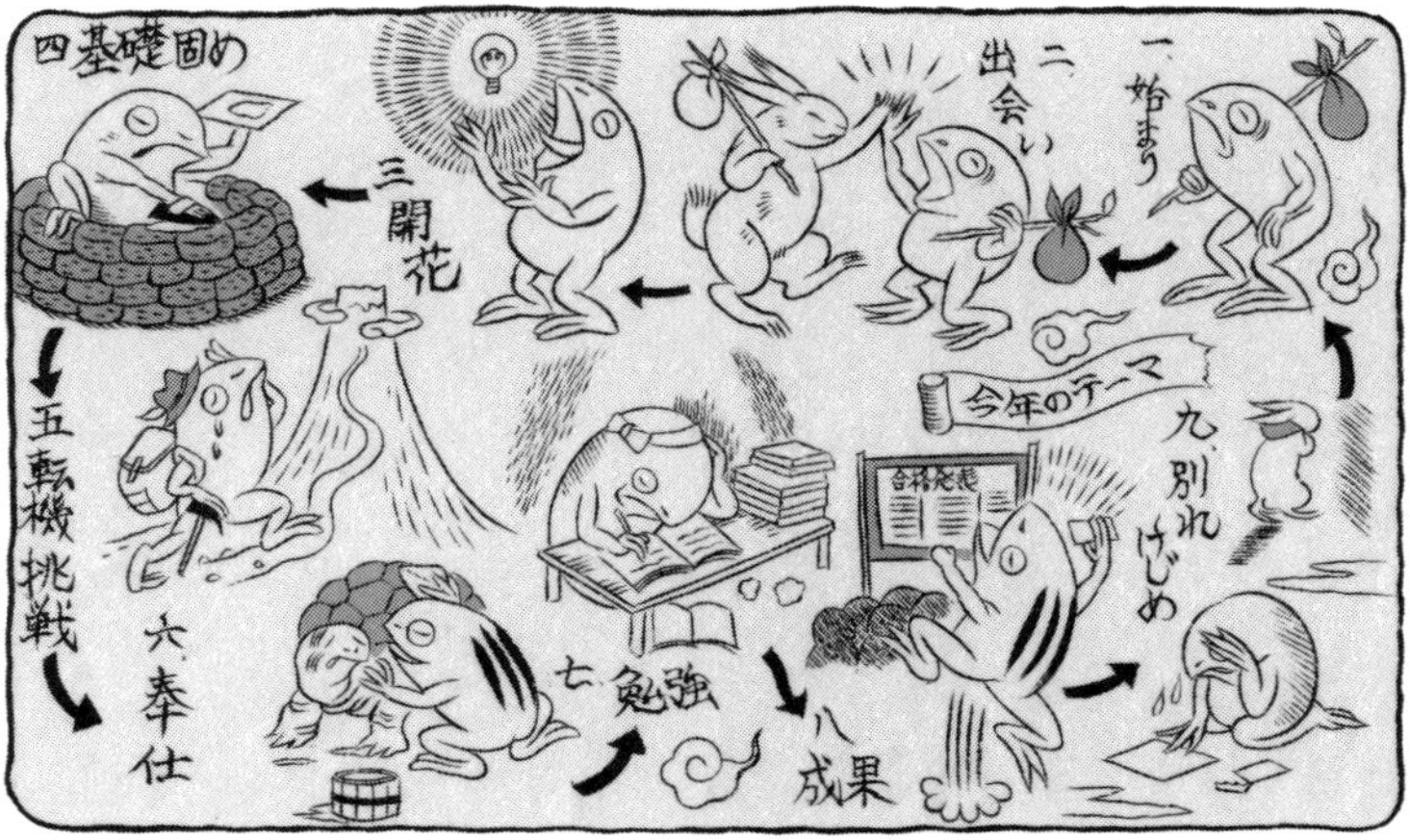

る年でもありました。実際、ビッグカップルのなかでも、片岡愛之助さんと藤原紀香さんがゴールインしましたし、あの卓球少女、福原愛さんも結婚しました。

「9」の年は、頑張ってきた人が収穫を手にするといわれています。ここ数年、お笑いの世界では「バイきんぐ」やスギちゃんなど下積みの長い芸人さんがアラフォーでブレイクする流れがありますし、役者さんも遠藤憲一さんや松重豊さんなどベテランの脇役さんに注目が集まっている。女優さんなら吉田羊さん。「酸いも甘いも」ではなく「酸い」しか味わってこなかったような人たちがぐっと出てきました。

決着がつく「9」の年は、長年隠されていたものが表沙汰になり、世間から審判が下る年でもあります。例を挙げるときりがないので控えますが、2016年は秘かに続けられていた不倫が明るみに出たという報道が異常なほど多い年でした。

テレビ番組でいえば、「SMAP×SMAP」のほか、「さんまのまんま」や「ごきげんよう」など長寿番組も次々と終了しました。「笑点」では歌丸師匠が司会の座から勇退し、漫画の「こち亀」こと「こちら葛飾区亀有公園前派出所」が40周年を機に連載終了したことも衝撃でした。ここにも「9」の年らしい節目を感じます。

政界では舛添元都知事が政治資金を私的に使っていた問題や、政治家の白紙領収書問題、豊洲新市場の盛土がなされていなかった問題が表面化し、スポーツ界ではバドミントン選手の裏カジノ問題や、現役プロ野球選手の野球賭博問題、元プロ野球選手の覚醒剤取締法違反での逮捕など、長年の疑惑が一気に表沙汰になりました。

でも、こうした動きはけっして悪いことではありません。「9」の年のうちに溜まった膿を出しきり、いらないものを削ぎ落としたひとほど、「1」の年にいいスタートダッシュが切れたはずです。みなさんは、いかがですか?

運気を引っ張る干支のアニマルパワー

干支は一年を通じたマスコット

数秘術に加えて、その年のテーマを干支から読むこともできます。ふたつを掛け合わせて一年の運気を読むと、より深く「流れ」を感じられると思います。

まずは、十二支それぞれについて、どんな年になるのかを解説しましょう。

【子】「ね」は根っこの根に通じ、まさに根を張る年。ここから新たな運気が始まっていくので、そのためにしっかりとした準備をしましょう。

【丑】丑の字は、「いとへん」を付けると「紐《ひも》」。自分を紐解き、自分の内側を見つめて弱点を克服するといいでしょう。分析ができたら、きっちりと紐を結びましょう。

【寅】「さんずい」をつけると「演」になる。憧れの人物をマネて、理想の自分を思い描いて、その人に近づけるように演じましょう。

【卯】子年に根を張って、丑年に自分を見つめ直して、寅年にあこがれの人に近づいた人が、「卵」を生む年です。

【辰】「立つ」ということから、立ち上がる、独り立ちするとき。ホップ・ステップ・ジャンプでいえばステップに当たる年です。

【巳】それまでの努力が「実」を結び、周囲から認められるジャンプの年。卯年に生んだ卵が辰年に立ち上がり、実るイメージです。

【午】「午」は「子」の対角となる折り返し地点。ここで今一度、馬の手綱を引き締めましょう。子から巳で頑張って実らせた人にはご褒美がありますが、サボった人は馬から振り落とされるかもしれません。

【未】種子や果実をもたらす羊の年です。さらに「未」は、未来、将来への種を撒く一年を意味するといわれています。

【申】「にんべん」をつけると「伸」。未年の種が伸びはじめます。努力の差が明らかになり、貧富の差も浮き彫りになる年ともいえます。

【酉】いいと思ったものを積極的に「とり」こむ、「とり」入れる年。酉の市に象徴されるように、商売を始めるのにも適しています。

【戌】周囲や人生の流れに忠実に、清く正しく生きることを重視したい年。犬のようにといっても卑下する意味でなく、賢く主人を選んでくださいね。

【亥】まさに「猪」突猛進の年。ここぞと決めた道を、脇目も振らずに進むべきです。覚悟を決めて突き進めば、それが翌年の「根(=子)」になるでしょう。

ちなみに、「申」「酉」「戌」の3匹は、桃太郎が鬼退治に連れていった動物です。つまり、この3年間は鬼が騒ぎ出しやすい年。心の中のよくないものや、後ろめたい気持ちが、表に出やすい時期なんですよ。

猫はいなかったが、辰は実在した?

干支には、なぜひとつだけ架空の生き物である「辰(龍)」がいるのでしょうか。東洋占術の漢字に身近な動物をあてはめただけという説がありますが、そうだとしたら「猫」がいないのが不思議ですよね。実は猫はエジプトが発祥で、干支が定まった時代の中国にはいなかったらしいんです。

そう考えると、龍は昔の中国にいたのかもしれません。「辰」はワニやタツノオトシゴなどを指すといわれていますが、「恐竜の化石からイメージされた」という説も。いや、もしかすると、古代の中国では人間と恐竜が共存していたのでしょうか……？

企業を助けるパワーアニマル

動物が企業のトレードマークにも使われることはよくあります。

2種類の動物が一歩も引かないライバル関係を象徴している日本の企業といえば、象印マホービンとタイガー魔法瓶じゃないでしょうか。

大正12年の創業時から、タイガー魔法瓶は創業者の父親が寅年生まれであったことと、強い製品づくりを目指すため、アジア最強の動物である虎を商標に掲げています。

象印マホービンはそれよりも前の大正7年創業ですが、象をトレードマークにし、社名を象印マホービンに変更したのは昭和36年。象は、輸出先の東南アジアで神の使いとしてイメージがよく、魔法瓶のタフさを象徴するものというのが選定の理由だそうですが、ライバル会社への対抗心も間違いなくあったと思います。

キリンビールの麒麟も、いろいろな説が多いトレードマークです。アフリカに生息する動物のキリンではなく、中国の神話に登場する聖獣の麒麟にしたのはなぜなのか？その理由は、長崎のグラバー邸で知られる初代社長のトーマス・グラバーが、ある人物にインスピレーションを受けたというのです。その人物は坂本龍馬。麒麟の頭は龍、胴体は馬ですよね。

ちなみに、キリンビールの創設にフリーメーソンが関わっているという説は、たしかだそうです。日本にビールを持ちこんだ目的は、アメリカでだぶついていた小麦を日本に売って消費したかったこと。さらには、日本人は米をたくさん食べて霊力が高まっていたため、麦によってその霊力を下げようとしたという陰謀論も囁かれています。

その他にも、鷲のマークの大正製薬、ライオン、クロネコヤマトなど、動物の名前を社名につけている企業や、動物のトレードマークやイメージキャラクターをもつ企業はたくさんあります。可愛らしい動物のキャラクターを入り口に、消費者に親しみをもってもらうことが大きな目的だとは思います。でもその一方で、動物が象徴するパワーにあやかりたいという願いは確実にありそうです。いうなれば、動物のイメージキャラクターは、企業にとって狛犬のような門番であり、守り神なのかもしれません。

開運パワーを身につけて

ラッキーカラーの秘密

ファッション業界に流行色があるように、占い業界にはラッキーカラーがあります。

たとえば２０１７年のラッキーカラーは黄と赤ですが、それはどう決まったのか？

実は、東西の占星術や風水術など、いろんな占い師が、その年のラッキーカラーを自分なりに見立てているんです。面白いことに、それがだいたい、みなさん一致する。

僭越ながら僕の場合は、２０１７年は「取り込む」酉年であり、「酉の市」のイメージから金運を象徴する色である「黄」をラッキーカラーに見立てました。また、先述のカバラ数秘術でいえばスタートの年なので、始まりを象徴する「赤」も入ります。

干支やカバラ数秘術から導き出されたその年のテーマを理屈でつきつめて、そのテーマを実現するために力を貸してくれる色がラッキーカラーだと考えています。

振り返ると2016年のラッキーカラーは「赤」と「紫」。この2色を味方につけた人が活躍した年でもありました。

なかでも赤。野球は赤ヘル軍団の広島東洋カープ、サッカーは浦和レッズに鹿島アントラーズ、NHK大河ドラマで話題になった真田幸村は赤備えで、リオ五輪で史上最多のメダルを獲得した日本代表選手団のイメージカラーも赤でした。

そして芸人も、全身赤い服のカズレーザーさんと紫のシャツを着た安藤なつさんの「メイプル超合金」が大ブレイクし、赤いバブルスーツを着たピン芸人の平野ノラさんもブレイクしました。

ちなみに、ラッキーやパワーストーンは、自分の力をプラスの方向に強めるために役立てるもの。「持つと運気が悪くなるアンラッキーカラー（石）」というのは実は存在しないので、「黒が好きなんだけど、黒ばかり持つと運気が下がるかな……」ということは、気にしなくて大丈夫です。

ひとつだけ願うなら

みなさんは、お守りやお札、パワーストーンなど、いわゆる開運アイテムを何個くらい持っていますか?

僕は、自宅に近い氏神様のお守りと、堀越神社（大阪）の「ひと夢祈願」、三峯神社（秩父）の「氣守」の3つを毎年いただいています。

堀越神社の一夢祈願は、自分の願い事をひとつだけ書いた紙をお守りの中に入れて、神主さんに祝詞を上げてもらうと、その願いが叶うといわれています。

ただし、あくまでもひとつだけ。

以前、5人の若手芸人をパワースポットに案内するというロケで堀越神社を初訪問しました。芸人たちは最初、御神木にタックルしたり、鳥居をリンボーダンス風にくぐったりと不謹慎にボケ倒していたのに（怒）、一夢祈願に願い事を書く段になったところで動

←三峯神社の「氣守」。

きがピタッと止まってしまった。一生にひとつだけの願い事となると、さすがにボケられず、「何をお願いしようか」と真顔になってしまい、いったん撮影を中断しました。30分くらい悩んだ挙句、そこにいる全員が同じ願い事を書いていました。

その願いは「周りのみんなとずっと笑顔で暮らせますように」——。

多少のつらいことや悲しいことはあるけれど、友達も家族もいて、生活できるお金があって、打ちこめる仕事がある今の状態こそが幸せだと、全員が気づいたロケでした。

パワースポットのお持ち帰りマナー

住吉大社（大阪）の「五大力」や、車折神社（京都）の「祈念神石」など、願いが叶うことで有名な石があります。それらは願いが叶ったら、お礼参りをして返さなければいけません。石はその土地と密接に関係しているため、たとえばパワースポットの石を拾って持ち帰っても、いつの日か返しにくることになるんです。

沖縄の久高島で、神様が降り立ったといわれる海辺に案内してもらったときのことです。きれいな貝殻や石がたくさん落ちているので「きれいですねー」とつぶやいたら、ガイドや島民の方がこういうんです。

「今、欲しくなったかもしれないけれど、持ち帰ってもまたここに返しにくることになるからやめなねー」

「これまでに持ち帰った人はみんな、石が自分の場所に帰りたいって泣くから、何年かしたあとに返しにくるんですよ」と。

この「返さなくてはいけない」法則、どこの聖地でも共通だそうです。

パワーストーンの浄化方法

パワーストーンはずっと所持して身につけるものです。水晶が万能で、オニキスが仕事運アップ、アメジストが恋愛運アップなどパワーはさまざまですね。

諸説ありますが、パワーストーンを身につける際は、右腕と左腕で効果が変わるといわれています。

右が〝放出〟で左が〝蓄積〟。

普段は左腕につけてパワーを溜めておき、「今日は大切な日だぞ」というような、ここぞという日には右につけ替える。左につけっぱなしにするとパワーが腐ってしまうので、ときどき右につけて放出してあげるといいそうです。

またパワーストーンは自分を守ってくれるものなので、ときどき満月の光を当てたり、流水で一晩洗い流したりして、浄化しましょう。

僕の知り合いのスタイリストさんは、愛用していたパワーストーンを東京の明治神宮にある清正の井戸の水につけたら、その瞬間に「パーン！」と弾けるように割れたそうです。伊勢神宮の五十鈴《いすず》川で洗った瞬間に弾けた人もいるそうですから、もしかしたらたくさんの悪い気を吸っていてくれたのかもしれません。

ちなみにパワーストーンは、こうした聖地の水で洗わなくても、悪い気が溜まると自然と割れることがあるそうです。割れたパワーストーンは金具を外して川原などの自然に返すか、または神社でお焚きあげをしてもらう形でお礼をしましょう。

欲張りすぎは落とし穴

お守りやお札は、できれば毎年、いただいた寺社の札所にお返しして、1年間の感謝の気持ちを伝えてから、新しいものをいただくようにしましょう。

本来はご加護に期限などないわけですし、毎年替えなければいけないものではないのですが、1年に1度くらいは神様に近況報告やお礼をいうのが礼儀だと思います。人間関係でも、調子の悪いときだけ相談して、うまくいっているときは連絡をしないのは、失礼なことですからね。

開運アイテムはいくつ持っていても神様は怒りません。でも、あまりにもたくさん持っているとよくも悪くも目立ちますので、現実的にはほどほどに(笑)。

僕のマネージャーはロケで訪れた神社でお守りを買い集めるようになり、鞄の内側に10個くらいつけていました。でもある日、お守りを30個以上もつけている人を見かけて、「さすがに多すぎる」と気づき、返せるものはお返しして数を絞ったんです。

また、アイドルたちは、ファンからのプレゼントの中に、スピリチュアルグッズが多くて困っているという話もよく聞きます。いただくことはありがたいんですが、すべてを持ち歩くわけにもいきませんし、心情的にも捨てられませんからね。

お守りやパワーグッズをもて余してしまった場合、神様に感謝をしてから、近所の神社に持っていってお焚き上げをしてもらうのが一番いいと思います。

世の中にはいろいろな開運グッズがありますが、値段とご利益はまったく関係ありません。何もせずに頼るのではなく、頑張るために励ましてもらうようなお付き合いがおすすめです。何事もほどほどに。

宝くじを買う前に

神様や仏様へのお願いで、もっとも多いのが「金運上昇」です。恋愛や結婚運の願望は年齢層に偏りが出ますが、お金は年齢性別を問わず、みんなが欲しいものですからね。仕事運や対人運を上げたいという願望も、その先に出世や年収アップがあったりします。てっとり早く金運向上の効果を体験できるのがギャンブル。とくに宝くじは知識も不要で、駅前など身近なところで運試しできます。

実は、宝くじの高額当選には、共通する４つの習慣があるそうなんです。

Column

【1】購入前日に肉を食べて、酒を断つ。

【2】前回の当選金や、慶事でいただいたご祝儀、銭洗い弁天で洗ったお金など、運のいいお金で購入する。

【3】購入前に自宅の掃除をしてから外出し、売場に着いたら売場の周りも掃除してから購入する。

【4】「気」が澄んでいる午前に購入する。

どれも「いい行い」ではあ

りますので、少しでも当選確率を上げたい方は、こういう験担ぎをして購入してはいかがでしょうか。

一章のコラム（47ページ）でご紹介した金運アップの手相「スター」のチェックと合わせて、実践してみてください！

6

スピリチュアル
自分磨き

結婚相手は手で選べ！

結婚線は情報の宝庫

現代は男女とも生涯未婚率が上昇していて、結婚しにくい時代だといわれています。だからこそ、結婚相手を探すためには自ら動かねば、ということで婚活ブームが盛り上がっています。

自分の恋愛運、結婚運を手相から知るためには、やはり「結婚線」に注目しましょう。小指の下の側面に何本か出ている線ですが、本数が結婚の回数だという説は大間違い。これは生命線の長さが寿命を示すという説と並ぶ、手相にまつわる2大誤解のひとつです。

結婚線を見るときは、その中で一番長くて強い線を見てください。

結婚線がまっすぐ、もしくは上向きに伸びていると結婚に前向きだといえますし、既婚者の場合は夫婦生活が円満だといえます。逆に、線が下がっているときは結婚に後ろ

向きで、夫婦間の話し合いが必要な時期といえます。
常々、「結婚したい！」と口にしている久本雅美さんの手相を見たことがあるんですが、残念ながらしっかり下がっていました（笑）。

実はこの結婚線、最近まで「根性線」と呼ばれていたんですよ。時代によって手相の呼び方や解釈は変わるんですが、もともとは上向きの人は根性があり、下がっている人は根性がない、と鑑定されていたんです。つまり、結婚はするのも維持するのも根性が必要ということですね。ちょっと寂しい話ですけれども、真実の一面かも……。

結婚線は、ほかにもいろいろな読み取り方ができる線です。

2本の結婚線が先のほうで弧を描いて交差し、魚ような「フィッシュ（魚紋）」になっていたら、婚期が近

いといいます。

たくさんの細かい線が出ていたら、それは「片思い線」。残念ながら今の恋は叶わぬ恋になりそうです。

結婚線が2本に分かれて、その間から別の線が伸びていたら、それは「元さや線」。元カレ、元カノと連絡をとってみるといいことがあるかもしれません。

離れている結婚線が、先のほうでひとつに交わっていると「長い旅線」といいます。時間はかかりますが、諦めなければ思いは成就するでしょう。

女子レスリングの吉田沙保里さんの手相でもご紹介しましたが、線から親指側へ上向きに伸びる「モテ期到来線」(23ページも参照)にも注目です。これが出ていたら、あなたは今、モテ期にいます。臆せずに合コンに行きまくり、気になる人にはどんどん声をかけたほうがいいですよ。

恋に効くおまじない

片思い中の方に役立つおまじないがあります。

夜、パジャマなどを裏返しにして着て寝てみてください。その夜、夢に好きな人が出てくると、両思いになれるそうです。これは『万葉集』にも記されている日本古来のおまじないで、世界3大美女のひとり、小野小町も実践したといわれています。もちろん、男性だって実践したいおまじないですよね。

「それ以前に、そもそも異性との出会い自体がない」と悩んでいる人は、恋愛や縁結びで有名な神社で「恋みくじ」を引いてみてください。そこには相性のいい相手の年齢、干支、血液型、星座などが具体的に書かれています。闇雲に出会いを求めるのに疲れたら、神様が教えてくれたヒントを頼りに相手を捜すというのもひとつの方法でしょう。自分だけで探すとなると、どうしてもいろんな条件を求めてしまいますが、絞り込む基準を神様にお任せすると気が楽です。いい出会いにつながれば運命的ですしね。

そしてめでたく恋人や結婚相手が見つかった暁には、ぜひお相手と一緒にお礼参りをしてください。人間の世界と同じで、お願いするだけしておいて、うまくいったらほったらかしというのは失礼な話ですからね。そう考えると秘境にあるパワースポットよりは、身近な場所にある神社でお願いしたほうがいいかも（笑）。

お付き合いが始まってから「お礼参りに山奥の神社についてきてほしい」といわれたら、どうしますか？

手相が示すアイドルの特性

特定のだれかではなく、多くの人に愛される存在がアイドルです。日本を代表するアイドルグループＡＫＢ48のメンバーの手相には、海外の人には多く見られるものの、日本人には珍しい「ＫＹ線」がとてもよく見られます。

これは周りに合わせず空気を読まない性格を意味していて、じゃじゃ馬の手相ともいわれていますが、実は宝塚歌劇団出身の女優さんにもけっこう多いんです。つまり宝塚やＡＫＢ48のような同性の集団の中で、個性を打ち出して突出した存在になるには、空気を読まないくらい強い意志が必要だということ。ＫＹ線はそんな資質を表していると読めます。

他にも、オバマ米元大統領や小泉純一郎元首相、注目される若手女優の多くの方々にも「ＫＹ線」があります。普通に考えると結婚には不向きな手相なんですが、面白いことに、独身時代に恋多き女として話題を振りまいた女優さんの「ＫＹ線」が、結婚後にきれいに消えていました。手相の変化で結婚できたのか、結婚が手相を変えたのか？これはとても興味深い現象でした。

ちなみにAKBグループには、「KY線」だけでなく、「よちよち幼児線」と「不思議ちゃん線」という、通常はあまりよろしくないとされる3つの線を兼ね備えたメンバーが多いんです。

「よちよち幼児線」は、甘えん坊の性格でなかなか自立ができない性格を意味しますが、その分、年上の人から可愛がられる相。男性のアイドルファンは年下の女の子を応援することが多いので、これを持っていることはプラスですよね。

「不思議ちゃん線」は、フワフワしている癒し系で小悪魔的な魅力がある相です。同性からは嫌われそうですが、独特の発想力にも通じる手相なので、集団のなかで輝きます。この3つの手相を兼ね備えている人は、グループアイドルを目指すのもありかもしれませんよ？

アイデア王・秋元康さんのふわふわ手相

ＡＫＢ48の生みの親である秋元康さんは、「そうでしょうね！」というイメージ通りの手相の持ち主です。

手のひらにアイデアほくろがあり、とても長い「金運線」と「ライター線」もある。生年月日で占っても、メディアの仕事は天職です。ひと言でいうと「刺激を求める自由人の中学生」。根っからの妄想族で、野心を実行する力の持ち主。瞬発力、判断力、行動力が秀でている上、熱しやすくて冷めやすい、「ダメなら次」という切り替え上手なので、周りの人がついていけない場合も少なくない。女性的な面も強くもっているから、女性アイドル向けの歌詞が書けるんでしょうね。

秋元さんが高校生のときに弟子入りした放送作家の奥山侊伸先生の「常にこうしようああしようと考えているからチャンスの女神の前髪をつかむことができる」という秋元康評も、占いの結果を裏付けていると思います。

あと、手がふわふわのふかふかなんですよ！

手相は線の出方を気にしがちですが、実はそれ以上に重要な要素が手の柔らかさ。なぜなら、手が柔らかい人ほど金運がいいというデータがあるからです。痩せていても、手だけはもちもちっとしている社長や富豪、宝くじの高額当選者は珍しくありません。

芸能人では「ウッチャンナンチャン」の内村光良さんが「ふわふわ手」の代表格でしたが、秋元康さんの手相を見たときに「これか！」と驚きました。ホワホワっとしていてこちらの手に吸いついてくるような感触があるんです。お金を優しくキャッチするから、お金が喜んで戻って来たいと思うんでしょうか。

玉の輿を狙っている方は、合コンや出会いの場で活用してください。現在の仕事や年収を探るよりも、握手したほうが、先々まで含めた金運がわかるかもしれません。

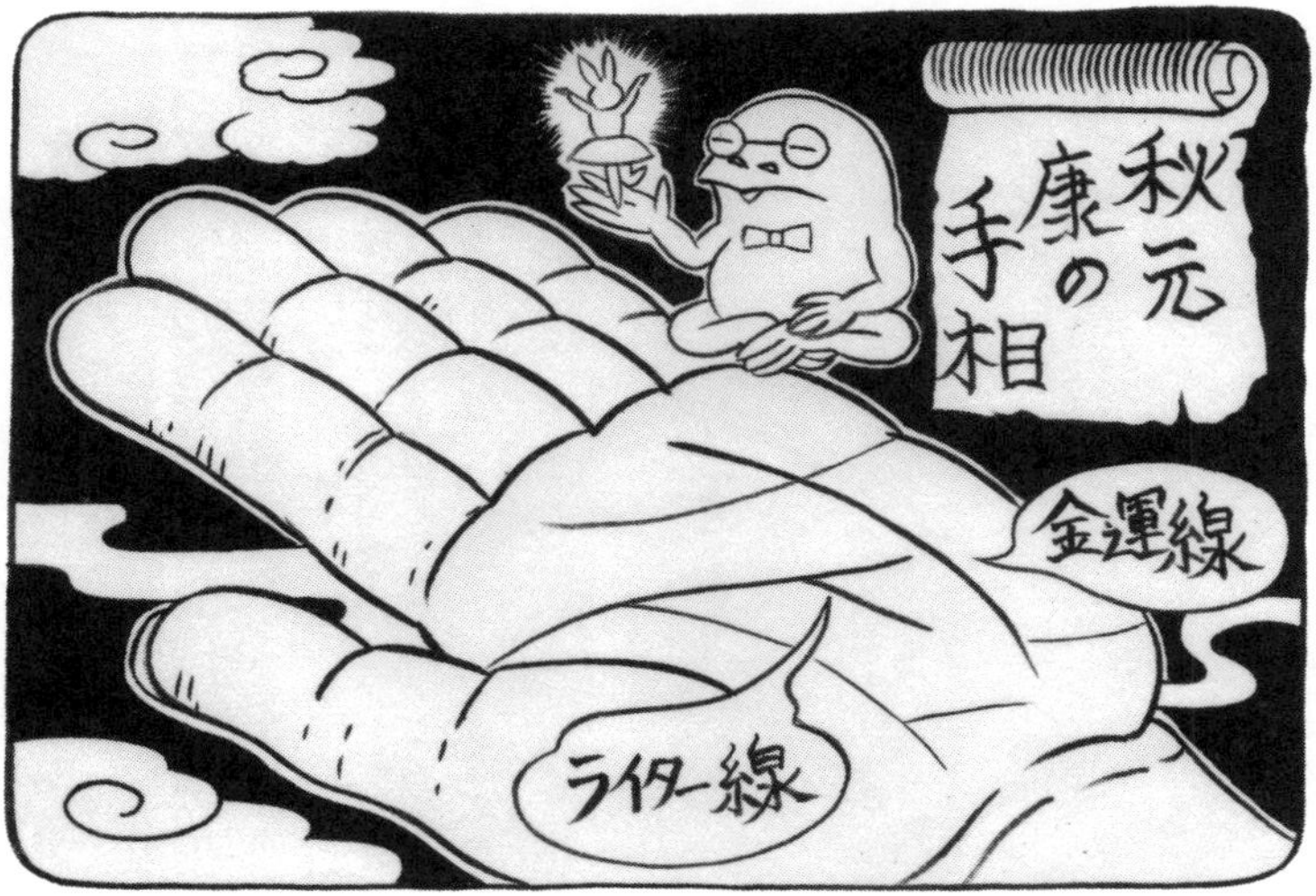

求む！究極の美と健康

食べても痩せる瞑想ダイエット

ダイエットやシェイプアップに何度チャレンジしても挫折してしまう……なんて人は多いと思います。

ロングブレスや体幹トレーニングなど、年々新しいダイエット方法が考案されますが、サイキック芸人のキックさんから、とても健康的かつ手軽に痩せられるダイエット法を聞いたのでご紹介しましょう。

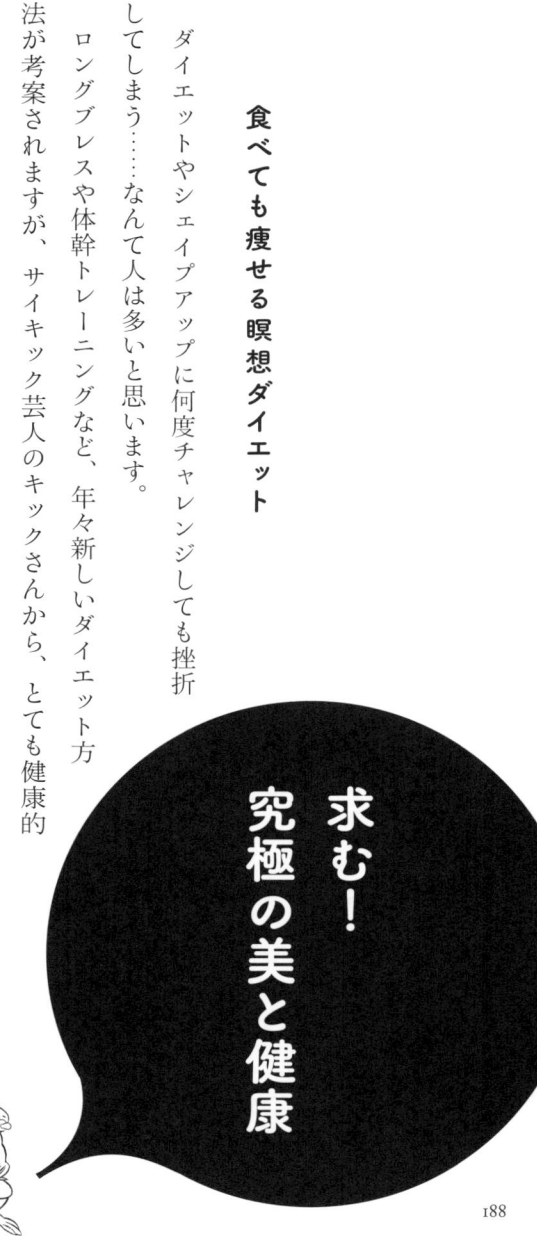

キックさんはヨガのインストラクターの資格を取得していて、瞑想の修行のためにインドを訪れ、瞑想界の実力者に面会したこともあるほど。この瞑想をダイエットに応用するんだとか。手順は簡単で、食事の時間が近づいたら瞑想するだけ。

瞑想にはいろいろなやり方がありますが、背筋を伸ばして座り、目を閉じて、深く長く呼吸するのが基本です。悪いものを吐きだして、新鮮な空気を吸いこむことで、脳が活性化し、どんどん頭がすっきりする。自分を客観視できるようになるため、自分が今やるべきことや問題点が見えてくる。仕事の能率がアップするため、グーグルやアップルなど、仕事の合間に瞑想を取り入れている企業も増えています。

キック式ダイエットの場合、瞑想を終えた後がポイントです。

瞑想を終えて、目を開けた瞬間に、食べたいものを思い浮かべてください。瞑想前はラーメンやとんかつ、カレーライスといった、普段食べ慣れた定番の料理を食べたいと思っていても、瞑想後はまったく違う料理が浮かぶことがあるんです。

それはつまり、体が本当に必要としているエネルギーなんだとか。必要なものだけを食べることになるので、食べすぎることもないし、栄養も偏らず、太らない……という ことです。ちょっと疑ってしまいますけど、キックさんはこの〝瞑想ダイエット〟で、少しも無理することなく、1か月で8キロも痩せました。

たしかに食事という行為は、実際にはかなりの部分を情報、習慣、環境に支配されています。瞑想によってその支配から解放されて、純粋な食欲に気づくことができるというわけですね。「食べる前に飲む」ならぬ「食べる前に瞑想」が、ダイエットになるとは、面白いです。

水との相性は1週間後にわかる

イオン水や水素水など、水を使った健康法は定期的にブームになります。「水素水なんて成分的にはただの水」というツッコミもありますが、人体の6~7割は水分なので、水が人間にとって大切であることは間違いないでしょう。

琉球風水志のシウマさんからこんな話を聞きました。

たとえば、「引っ越してからどうも心身が荒れちゃって……」という人っていますよね。そういうときに、「(土地の)水が合わない」と表現します。人間にとって「自分に合う(合わない)水」という観点がとても大事だそうです。

そこでシウマさんが提唱しているのは、1週間ごとに飲む水の種類を変えていって、自分に合う水を見つける方法。

ミネラルウォーターや水道水、浄水器を1週間使いこんでみると、体内の水が、その水になっていく。調子がよかった週や、ラッキーだった時期に飲んでいた水が「その人に合う水」だというわけです。

僕はその方法で、あるウォーターサーバーにたどり着きました。ミネラルウォーターや健康にいいとされる水は多種多様にありますが、一様に否定も鵜呑みもせず、相性チェックをしてみてもいいでしょう。

結果的に水道水がもっとも相性がよかったら？　……経済的にもラッキーですね。

笑いは最強の健康法

紅茶キノコ、アサイー、ヨガ、砂糖断ち、断食、漢方、健康器具など、毎年のように新しい健康法や健康食が登場します。その背後には、もちろん仕掛ける人がいて、ある程度広まったところで、必ず反論や批判が出てきます。

白米よりも健康にいいとされている玄米食に関しても、「種が自分自身を守っている外皮を食べることで毒が体内に入ってくる」と批判する人がいます。

現在の日本は、1日3食がスタンダードですが、「それでは多すぎる」「1日2食でいい」「いや1食で十分」という人もいます。

そもそも、アメリカでも1日2食が基本だったところを、エジソンが自分の発明したトースターを売りたいがために、「朝、トースターでパンを焼いて食べましょう」と1日3食を提唱して食の習慣が変わったそうです。鰻を売るために、土用の丑の日に鰻を食べれば精がつくと宣伝した江戸時代の平賀源内と近い、ビジネス的な健康法の仕掛けですね。

はっきりいってしまいますが、人によって相性のよし悪しがあるパワースポットと同じで、万人に同じ効果がある健康法はありません。

健康法も食事のリズムも、世間に流されず、自分の体が欲するものを見つけることが近道です。世の中には、健康のことばかり考えて、かえってストレスを抱えている人もたくさんいます。口に入れるものを極端に制約することで、本人もつらそうですし、何よりも周りが気を使う。行き過ぎた健康志向は自分も周りも不幸にします。

ここでひとつ、シンプルな健康法をお教えしたいと思います。

ある番組で、元気なご老人たちに会いにいく企画に呼んでいただいたとき、衝撃的な光景を目にしました。

ご老人たちの手相を見させてもらったのですが、「生命線が何本もあるかもね」なんていう予想とはまるで違ったんです。はっきりと入っていた共通点は、「おしゃべり線」でした。

ご家族の方も「そうなの！　うちのおばあちゃんは喋りはじめると止まらないの。よく笑うし！」とおっしゃっていました。この手相は「アナウンサー線」ともいわれ、タフなアメリカ大統領ドナルド・トランプにもあります（15ページ参照）。

　しゃべって笑ってストレスを吐きだすことが、元気にボケずに長生きする一番の健康法なんですよね。

　自分が心がけるのはもちろんのこと、ご高齢の家族の話し相手になってあげることも孝行になると思います。

信念と計算で強運をわしづかみ!

運を貯める方法

芸能界の大御所や売れっ子の方が、意識して実行しているという「運を貯める方法」があります。

萩本欽一さんは以前、こんな話をされていました。

欽ちゃんは、嫌なことや不幸が起きたときは、それについていっさいネガティブな発言をせず、言葉を飲みこむことで運を貯めるそうです。さらに、その瞬間に目についた数字や、その出来事が起きた日付や時間をラッキーナンバーにするそうです。

たとえば、「最近ツイてないんですよー」という人がいたので、欽ちゃんは「嫌な出来事があった日付にちなんだ番号で宝くじを買うといいよ」とアドバイスしたそうです。その人が半信半疑だったので、欽ちゃんがその日付を聞いて買ってあげたところ、

1等の組違い賞が当選したとか。自分がツイていないときこそ、幸運は身近にあるという考え方なんでしょうね。

同じ理屈で、スピード違反などで警察に捕まっている車両を見かけたら、そのナンバープレートの数字で宝くじを買うという人もいます。運気が下がっている人の数字を自分の運にしてしまうんです。

また、何本も冠番組を持っている某大物芸能人は、特に原因がないのに視聴率が悪いとき、出演者やスタッフのプライベートをこっそり調べるそうです。そして、結婚したり子供ができたりと、個人的に幸せな変化があった人を番組から外していたそうです。「君に責任はないんだけどごめんね」と。

さらに、絶対に成功させたい番組の収録のときには、わざとハズレ馬券を購入したり、自宅の花壇の花を摘んだりして「運を減らして」から収録に臨んだとか。

わざと自分の運気を下げて、運を貯めて、なによりも大切な番組に使う――。

運が最大の才能といわれる芸能界において、長く人気を保っている人は、日ごろから気の流れとバランスを徹底してコントロールしているのです。

あえて負けておいて勝ち運を貯める

運気にはいいときと悪いときの波、いわゆるバイオリズムが必ずあります。何もしなくても幸運の女神にモテる時期もあれば、どんなに努力をしても結果が出ない時期もある。歴史上の偉人で天下をとりつづけた人はいないように、盛者必衰の理といいますよね。

先述の萩本欽一さんは、それを意識して「運気をコントロール」していたわけです。若いころから「人生で全勝するのは無理だから、あえて7回負けておいて大一番で勝ち越す」という、八勝七敗の考え方を基本とし、先輩にごちそうされるときはわざと安いものを頼み、競馬では絶対に負ける馬に賭けて、運気を貯めていたそうです。

自分がぶれたときや、運気が下がって停滞したときに必要になってくるのが、自分自身の、運気に対する信念だと思います。

明けない夜はありません。いい運気も永遠には続きませんし、悪い運気もいつかは去るものです。

動かなければ運は開けない

漠然と「運気を上げたい」のは万人の願い。

いろいろな占い師の方とも意見が一致しているのですが、総論として「運」を引き寄せる一番の方法は、「動く」ことです。

「運」という漢字は「走る」意味をもつ「しんにょう」の中に「軍」という文字があります。人生という戦の主役の将がどれだけいい軍を持っていても、動かなければ勝つことはできません。モテ期、勝負運、対人運などがどんなにアップしていても、その時期に家に閉じこもって何もしなければ、どうしようもないんです。

たとえばパワースポットをオススメされたとき、どうしますか?

僕は東京の明治神宮にある清正の井戸をずっと前からオススメしています。ご紹介すると、たいていの人が「行きたい!」といいます。

その後、実際に行ったかどうかを質問すると、「バタバタしてて行けていない」と答える人もいます。そんな人はたいていが運の悪い人です。運がよくて仕事や生活が充実している人ほど忙しいはずなのに、時間を捻出してすぐに行くものです。

2008年ごろ、大ブレイク中だったスザンヌさんはその典型です。僕から聞いた翌日の生放送番組で、「さっき、30分だけ時間があったから清正の井戸に行ってきたんですよー」と話していたから驚きました。あのとき、運のいい人というのはまずは動く人なんだな、と実感しました。

行動力と信念で運を掴む

世の中にはさまざまな開運方法が伝わっていますが、小手先のノウハウに頼らずとも、運がいい人はいます。

その人たちは何が違うのかというと、根本的に「行動力」があり、さらに「自分は運がいいと信じこむ力」を持っているところだと思います。

まず「行動力」についてですが、水も同じ場所にとどまると腐るように、物事は流れることが大切です。運がいい人はそれを本能的にわかっているので、一か所にじっとしていません。くり返しになりますが、「運」という字を「運ぶ」と読むように、運のいい人は自ら足を「運ぶ」労力を厭わないのです。

次に「自分は運がいいと信じこむ力」も重要です。

この自覚を大切にしていた代表的な人物が、パナソニックの創業者である松下幸之助さんです。

松下幸之助さんは、社員を採用する際の面接で必ず「あなたは運がいいですか？」と質問したそうです。そこで「運がいいです」と答えた人だけを採用していたとか。

松下さん自身、幼いころに海で溺れて死にかけたときは「夏でよかった。冬だったら死んでいた」と考え、自転車で走行中に車にはねられて線路に投げだされたときは、「2メートル前で電車が緊急停止してくれてよかった」と思ったそうです。

つまり運がいい人は、小さな幸せやラッキーを見つける才能の持ち主だということです。ある出来事に対して、自分は運がいいと解釈するか、運が悪いと解釈するかで、その後の行動が変わっていくことを、松下さんは自分の経験則で知っていたのでしょう。

会社という組織において、「自分は運がいい」と解釈する人は、仕事で結果を出したときに、自分の実力ではなく巡り合わせや縁のおかげと謙虚に考えます。感謝の心で社会や仲間にお返しをしようとするのです。そして、もし失敗しても、人や自分を責めず、「運が悪かっただけだから、またがんばろう」と切り替えられます。

一方、「自分は運が悪い」と考える人は、自分の実力や才能、努力しか信じないため、周りに感謝をせず、成功すると天狗になりやすい。さらに失敗すると自分を責めて立ち直れなくなり、周りや環境を責めて事態を悪化させる可能性もある。だから松下さんは「自分は運がいい」という人物だけを採用したのだそうです。

運のいい人は好奇心と広い視野、何が起きてもそれを楽しむ柔軟性を持ち、寄り道や無駄、雑談を楽しんでいる。また、過去の栄光や不幸にしがみつかず、不確定な未来に心をときめかせています。

まずは、日常のどんな小さなことでもプラスに変換する思考術を意識して、「自分は運がいい」と思いこむことが、強運への道だと思います。

夢を使った開運法

初夢で縁起がいいのは「一富士二鷹三茄子」といわれていますが、茄子の夢なんて見ませんよね(笑)。別に初夢でなくても「運気上昇のサイン」として話題なのが、ショッピングをする夢です。日常的な内容ですし、すでに見たことがある人もいるでしょう。ショッピングの夢を見たら運気がいい。さらに、夢の中で「あ、これは夢だな」と気づいたら、どんどん買いまくってください。

というのも、ウィンドウショッピングの夢は、「もう一歩を踏みだせない迷いのなかにいますよ」という状況を示唆しているからです。そこで一歩を踏みだして買い物をすることで勢いがつき、吉夢に転じるわけです。なにしろ夢なので予算を気にすることはありません(笑)。

そして、買ったものは自分の未来のヒントになる可能性があるそうです。どんな意味を感じ取るかはあなた次第。とにかく、夢ショッピングの明細をよく覚えておきましょう。

神様に甘える上手な方法

お参りの作法

運がいい人は周囲への感謝はもちろん、神様やご先祖様といった、目に見えない存在も大切にしています。

みなさんも初詣でなどで神社に参拝することがあると思いますが、意外と知られていないお参りの豆知識を紹介しましょう。

神社では、まずお参りをして、おみくじを引いて、お守りを授かるという順番で参拝する人が多いですね。正式な順番が全国すべての神社で定められているわけではありませんが、実は順番を変えることで、ご利益が得られやすくなるという話があるんです。

神様からご利益が一番いただけるその順番とは、最初にお守りを授かって、お参りをし、それからおみくじを引く、という順だといわれています。

なぜ、その順番がいいとされているのでしょうか?

まずお守りを授かることで、健康祈願や商売繁盛など、あなたの願いを明確にします。そして、そのお守りを掌の中に入れてお参りをすることで念が入り、オンリーワンのお守りができあがります。おみくじは神様からのお返事の言葉なので、引くのはお参りの後にしましょう。

神社の沙汰は気持ち次第

参拝といえば、お賽銭の金額も、いくらにしたらいいのか基準がないですよね?

実は「この願いは絶対に叶えてほしいから奮発して一万円!」という考え方は、神様にお金をつきつけて駆け引きしているようなもの。とても失礼にあたります。お賽銭は神社をきれいに保つためなどに使われるものなので、しっかりとお願いをし、清涼な気持ちで参拝することができればいいんです。

初詣でなどでは出雲大社や伊勢神宮など、大きくて有名な神社に参拝客が集まります。たしかに素晴らしい神社ですが、日ごろは、自分のことを一番近くで見守ってくれている神様は氏神様。大切に祀ってほしいですね。

家から一番近い神社が氏神様とは限りませんが、住所から氏神様を調べることができますので、ぜひチェックしておきましょう。また、会社や学校の近くにある神社にも礼儀として挨拶をしにいくべきだと思います。

それから、神様との約束は必ず守ってください。

東京の台東区下谷に、芸能のご利益がある願掛け神社として有名な小野照崎《おのてるさき》神社があります。この神社に、無名の若手芸人が「タバコをやめるので仕事をください」とお参りにいったところ、帰り道に仕事の依頼が3本も入りました。

ところが1週間後、先輩にそそのかされて、その若手芸人はタバコを吸ってしまったんです。すると、数日で仕事がキャンセルや終了になってしまいました。偶然かもしれませんが、あのときはみんなゾッとしました。

神様へのお願いは具体的に

お参りをするとき、漠然と「幸せになれますように」とか、「お金持ちになれますように」とお願いした人は、もう一度お参りに行きなおしたほうがいいかもしれません。

というのも「幸せ」や「お金持ち」の基準や尺度は人それぞれ。漠然としたお願いの仕方では、神様は叶えようがないからです。

たとえば僕だったら「手相占いやパワースポットの知識を活かした仕事が増えますように」というお願いの仕方になります。次に神社へ参拝にいくときは、ぜひ具体的な目標を伝えてみてください。

そして、お参りでのもうひとつの大切な作法が、自分の名前と住所を神様に伝えることです。確かに、どこのだれだかわからない人からお願いされても、神様は応えようがありませんよね（笑）。

二礼二拍手をしたら、まずは「どこどこの島田秀平です。いつもありがとうございます」とご挨拶をしてから、お願い事を伝えましょう。住所はもちろんマンションの部屋番号まで具体的に！

厄年の過ごし方

一般的に、男性の本厄は数え年で25歳、42歳、62歳、女性の本厄は数え年で19歳、33歳、37歳といわれています。心身に変化がある年齢ですし、普通は厄祓いへいくのですが、芸能界ではちょっと違います。

俳優さんには「厄（役）を落とす」ことを嫌って、あえて「厄祓いをしない」という縁起の担ぎ方をする方が少なくありません。

そして、厄年にアタリ役やターニングポイントとなる作品に出会った役者さんが、実際に多いんです。

哀川翔さんは、こうおっしゃっていました。

「厄年の年齢というのは、男も女も仕事を覚えて自信がつき、責任のあるポジションを任されて気が大きくなる。そこで態度が大きくなったり、実力不足なのに独立したりして失敗する人が多い。だから厄年といわれるんじゃないか。厄年こそ目の前にある仕事をひとつひとつ謙虚にこなすことが大事。そのなかに、自分の未来を左右する大きな仕事がある」

その哀川さん、厄年に「ゼブラーマン」で主役を演じています。Ｖシネマの帝王と呼ばれた哀川さんが、この作品で役の幅を大きく広げ、円熟味を増したことは〝やくどし〟パワーをうまく使ったからでしょう。

ほかにも、渥美清さんは「男はつらいよ」、藤田まことさんは「必殺仕事人」、西田敏行さんは「釣りバカ日誌」と、それぞれ〝やくどし〟にシリーズがスタートしています。さらに武田鉄矢さんの「101回目のプロポーズ」、役所広司さんの「失楽園」、福山雅治さんの「龍馬伝」など、厄年に代表作と出会ったひとたちの例は、枚挙に暇がありません。

つまり厄年は、ある意味では、飛躍の年でもあるわけです。

これは役者さんだけでなく、すべての職業に通じることだと思います。

手相で健康をセルフチェック

日々の運気や心身の調子を自分でチェックできる方法をお教えしますね。

手相を見る感じで、手のひらを上に向けて広げてみてください。そのときに、中指と薬指がくっついている人は疲れが溜まっているかもしれません。人間の指はその2本だけ神経が繋がっていて、別々に動かすにはちょっとした労力を必要とするらしいんです。中指と薬指がくっついている状態は、そこを広げるのもしんどいとき。かなり疲れているといえます。

手相からも健康状態をチェックできます。

生命線は人体を模しているともいわれています。人差し指側の生命線の乱れは、のどや気管支が疲れている「呼吸器注意線」で、逆

Column

に手首側の生命線が乱れていたら、胃や腸がお疲れの「消化器注意線」と読みます。

　頭脳線に丸や点がある相は、目の疲れ、肩凝り、頭痛など「頭部注意線」。そして暴飲暴食で肝臓が疲れている人は、手のひら側面の「飲み過ぎ線」が出ていませんか？　ここがドス黒くなっていたら、やばいです！

　健康面のほかにも手相で要注意の状態を察知できます。

　まず「金運線」に袋状の

〃島〃があると「金運トラブル線」といって、急な出費をする、人から騙される、つい使いすぎてしまうなど、お金にまつわるトラブルの合図です。この相が出ているときは、大きな買い物やギャンブル、投資は控えましょう。

また、手首に出ている鎖状の線は「おつかれ線」。これが出ていたらできるだけ休みを取ってください。かつて年末のテレビ番組の収録時に出

演者、スタッフさんたちの手相を見たら、みんな「おつかれ線」が出ていたんです。でもあとから「うぃーっす」と陽気に現れたプロデューサーさんだけ出ていなかった。みんな、彼から疲労をもらっていたのかもしれません（笑）。

恋愛系では、感情線にバツ印が入っている「とばっちり線」がある人は、修羅場に巻きこまれる気配があります。危険な橋は渡らず、火遊びもせず、おとなしくしておくのが賢明です。

手相の線は、運気が流れる川だと思ってください。しっかりとした太い線はたくさんの水量（運気）が淀みなく流れますが、島やバツで途絶えると運気がこじれてトラブルが生じやすくなる。こういう手相のときは生活を整えて手相が改善されるのを待つことが開運の第一歩です。

7

都市伝説は世界を動かす

政治も経営も占い師にお任せ

政治家の隣には占い師がいる！

韓国の大統領が占い師と昵懇《じっこん》の仲だった……というスキャンダルも記憶に新しいところですが、現代、21世紀にもなっても、オカルトが政治を動かすことはまったく珍しくありません。

古くから、政治と占いは切り離せない関係でした。現在の日本が公費で占い師を雇っているかどうかまではわかりませんが、個人的な関係性で、占い師との付き合いのない政治家はほとんどいないのではないかと思います。

政治家には公設、私設を含めて複数の秘書がいますが、とある大物政治家には「政策にはまったく口を出さないのになぜかいつも一緒にいる」秘書がいるという噂があります。実はその人はスピリチュアルな力を持っていて、政治家に近寄ってくる人を直感でジャッジしているとか……。

国家的な建築プロジェクトの建設地や開業日に占いが関わっていることは、占い師から見るとすぐにわかります。ちょっと勉強している人なら、風水や方位術を踏まえて計画しているなと、察するそうですよ。

東京スカイツリーを例にとっても、まず、建設地を意図的に東京の鬼門、皇居から見て北東の方角にしたことは方位術に間違いないでしょう。そして、あんな国家的な建物の開館日が、なぜか平日の火曜日だったんです。混雑を避けたという説もありますが、大安吉日に設定したと考えるほうが自然です。この先、東京五輪のメインスタジアムなど、大きな建造物の開業にも、何かしらの占術が絡んでくると思います。

占いの活用が見て取れる例としては、選挙の日程もあてはまります。

国政選挙は内閣が日程を決めるので、与党にとって都合のいい日に設定されるものですが、そのときには絶対に占い師に相談しているはず。告示日や投票日を占いで有利に計らい、選挙運動で巡る場所や方位には占いも参考にしているでしょう。

また、選挙ポスターの立候補者の名前も、難しい漢字を平仮名にして読みやすくするだけではなく、画数をよくしている例も多いです。政教分離なんていいますけど、現実の政治経済には占いやオカルトがこっそり影響しているんです。

トップの孤独を占いが癒す

多くの人の命運を握る立場にいる政治家にかぎらず、人の上に立つ人、すなわち企業や組織のトップは、占いに傾倒しがちです。

もちろん、まるっきり占いに頼っているわけではないけれど、何かの局面で参考にする程度には占いを信じているという方、高島易断の先生と仲よくさせてもらっていて、たまに相談させてもらっています」というスタンスの社長さんは、珍しくありません。新幹線のグリーン車でもよく、明らかにお偉いさんとわかる方と占い師らしい人が話しこんでいる場面を見かけますよ。

占いを勉強した芸人というだけなのに、僕も社長さんや政治家さんから相談されるんです。ある番組で政治家の方とご一緒したときには、収録後のメイクルームでゲストの政治家さんたちが僕の前に「手相を見てくれないか」と行列を作ったんです。日本を動かしている先生たちが僕の手相鑑定を気にするのかと驚きました。

企業の社長さんからの質問で一番多いのは、部下や人事について。

生年月日と名前を渡されて、忠誠心や本心、会社にとって有益な人事などを、占い師の目線から聞いておきたいそうです。事業計画や資金繰りは数字などでわかっても、人間関係や潜在能力などは見えにくいものですからね。あとは、お店のオープン日と場所のよし悪しもよく聞かれます。

「占い好きは女子供」という偏見のイメージもありますが、ガチで占いにハマるのはたいてい大人の男性、特に社会的地位の高い人です。女性の中には占いを一喜一憂できるエンターテインメントとして楽しんでいたりしますが、男性は大きな決断を本当に占いに頼ったりしますから。

社長さんの中には、どんどん質問が細かくなっていく人もいます。

「最近、どうも腰が痛いんですけど、どこか悪いんでしょうか？」なんて聞いてくる人もいるほど。

「それは医者に行ってください！」

「あー！　ごめんごめん！」

なんてやりとりはしょっちゅうです（笑）。コントみたいな展開ですけど、これ、本当に〝経営者あるある〟なんですよ！

それだけ、社長さんって孤独なんでしょうね。周りに心を許せる人がいないし、どっしりしたイメージで存在しなければいけないという社会的プレッシャーもあります。弱いところを見せられず、自分で決断するしかない立場はつらいものです。利害関係のない人の意見が聞きたくて、こっそり占い師に頼る気持ちもわかりますよね。

占い師が通うスーパー占い師

占い師が集まると、お互いに運勢を見ることがあります。東洋占星術の先生が西洋占星術の鑑定を参考にしたり、政治家や有名人の運勢を勝手に話し合ったり……。

これはあくまでも都市伝説ですが、政治家たちのお抱え占い師たちが占ってもらいにいくという、ものすごく当たるスーパー占い師がいるという噂が占い業界で広まったことがあります。

その占い師は、顔が見えないくらい高い位置に座っていて、大物占い師たちが頭を下げて占ってもらうのだとか。

そして、そこに座っているのはなんと、小さな男の子。

千葉県の普通の一軒家に住んでいる、普通の家族の息子さんだそうです。その家族は、日曜日にその子を連れて競馬場に行き、馬券を当てて、そのお金で生活していたところ、噂が広まってい師たちが通うようになったというのです。

この話を聞いたとき、噂のスーパー占い師は小学生として伝わっていました。

……さすがに、都市伝説だと思います。ただ、日本、いや、世界を動かしているのは政治家ではなくスーパー占い師少年だった……なんて、想像すると、ちょっとゾクゾクしませんか?

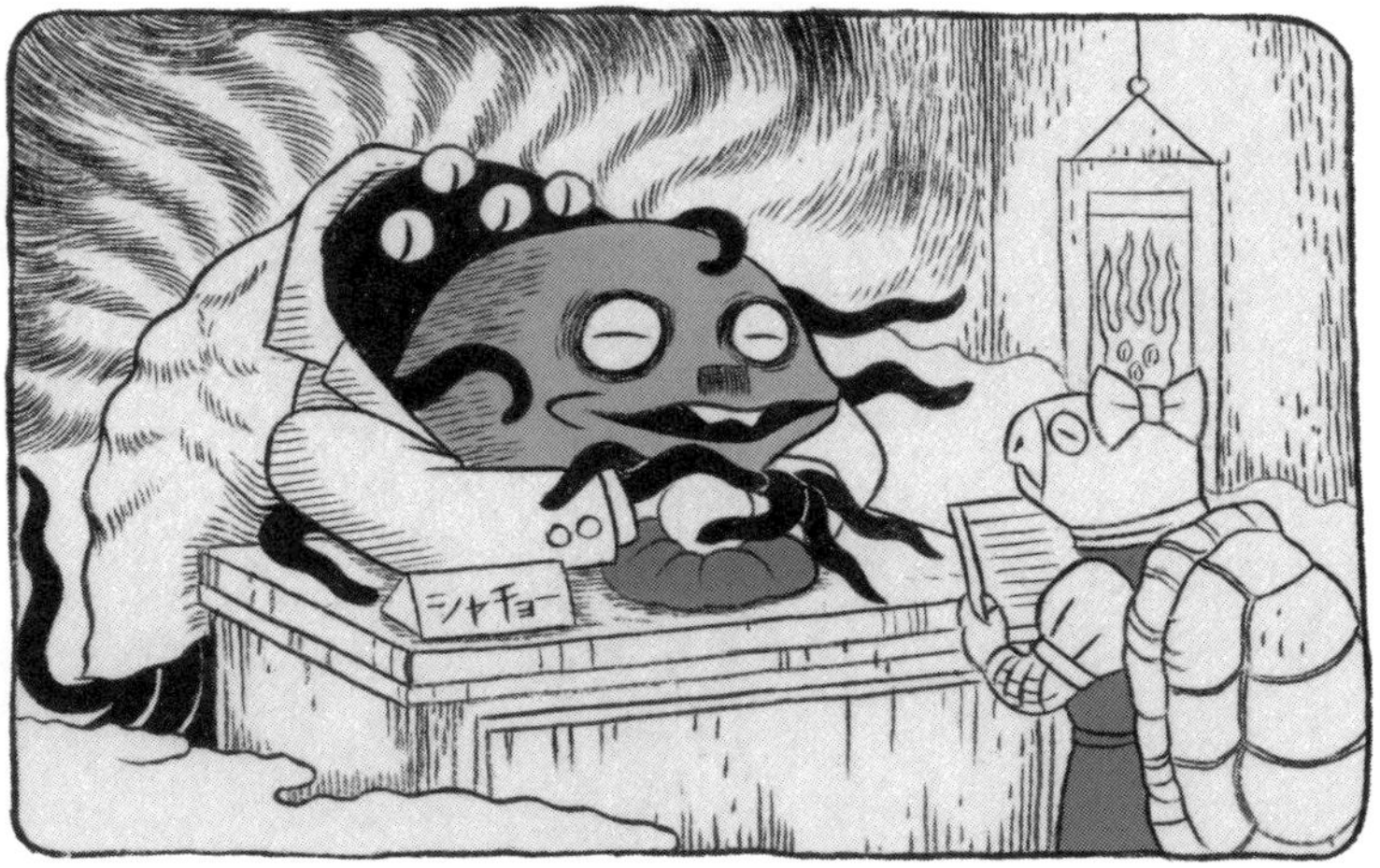

占いの歴史は戦争の歴史

帝国海軍が頼った水野義人

日本の歴史における代表的なカリスマ手相占い師といえば、大正から昭和にかけて活躍した水野義人でしょう。

水野は幼いころから死相が見えたそうです。あるとき、東京の街を行き交う人々を見ていたら、ほとんどの人の顔に死相が出ていることに気づきました。ところが大阪に行くと、死相の人を見かけない。東京で何かあるな、と感じていたところ、関東大震災が発生したそうです。

この一種の予言によって、水野は占い師として名を馳せていくことになります。

太平洋戦争の最中、海軍では訓練中に事故死するパイロットの多さに頭を悩ませていました。そこで山本五十六が呼び寄せたのが、占い師として有名になっていた水野義人。水野が手相や人相でパイロットを選出するようになって以来、訓練中の事故死はぐっと減少したそうです。

水野は、軍のお抱え占い師として、終戦までに23万人もの兵士の手相を観て、占いで判断した適性で人員配置を行ったという事実が文献に残っています。赤紙で招集された人々の多くが「青年に手を観られた」と証言しています。

水野は、終戦の時期もうすうす察していたそうです。それは、特攻隊として散っていく運命の訓練生たちの顔から、死相が消えたからだったとか。

島田家のルーツも占い師⁉

第2次世界大戦当時、各国で占いは軍事に利用されていました。ナチス・ドイツは天才占星術師のカール・エルンスト・クラフトを重用していましたし、イギリス軍の軍事顧問はルイ・ド・ウォールという占星術師だったのです。

時代は違いますが、僕の手相占いにも、実は軍事との関わりがあるんです。

趣味だった占いや都市伝説をネタにするピン芸人になって、数年後のことです。実家に帰ったとき、母が突然、こういいました。

「島田家の初代太郎兵衛は、真田家に仕えた太鼓持ちをしていた人なんだよ」

と教えてくれたんです。

当時の太鼓持ちとは、天気を読みながら太鼓を叩いて陣形を作らせるという、まさに戦場の占い師。それから9代目の僕は、ご先祖様のそういった仕事をまったく知らずに占いに興味を持ち、それが仕事になって、世の中に向かって太鼓を叩いているわけです。これは何かの縁があってのことなのかな、と不思議な気持ちになります。

ちなみに、現在の真田家当主の方と、とある番組の企画でお会いすることができました。400年以上の時を越えた対面を体験すると、いっそう、ご先祖様を大切にしようと思います。

手相のルーツ

手相は、5000年前のインドで「こういう人にはこういう線があった」という統計学にもとづいて生まれたという説が主流です。実は『旧約聖書』にも、「神は人の手にしるしを置いた」という、手相のことを書いているようにもとれる一文があるんです。

古代ギリシアでは、アリストテレスやプラトンも手相を勉強していたというのは有名な話ですし、ルネサンスの天才芸術家レオナルド・ダ・ヴィンチは、さらにもっと詳しく研究していたとか。たとえば「最後の晩餐」でユダを描く際は、〞人を裏切る人相〟を外見に盛りこむなど、占いから絵画にアプローチしたそうです。

インド発祥の手相は東西に伝播しましたが、西洋手相術は相性や恋愛を観るものとして、主に社交界やコミュニケーションで使われました。でも東洋手相術は、勝負運を観ることに重用され、戦に利用されてきたのです。

ちなみに、西洋はサイン文化ですが、東洋は手形文化。戦国時代は書類に手形を押させて手相の情報を収集し、それをもとに軍師が采配していたともいわれています。

水野南北の手相占い

手相の礎を築いたといっても過言ではない人物が、江戸時代中期に大阪に生まれた水野南北です。彼の著作『南北相法』は、いまでも現代語に訳されていて、手相学におけるバイブルになっています。雑誌やテレビなどの占い企画でも「『南北相法』を読み直そう」といった企画が立てられることもあるくらい。

水野南北は手相だけでなく観相学の大家でもあって、人相や手相、仕草など、こういう人はこういう性格だということをまとめているのですが、それが今の世の中にも通じる内容になっています。

占いは統計学にもとづいている部分があります。水野南北も、まず膨大なデータを集めることで占いの基礎を作りました。

水野は3つの場所で3年間ずつ、計9年働き、そこにやってくる人たちの情報を記録していったそうです。

それは、火葬場と、風呂場と、髪結い所。火葬場はまさにむき出しの骨が見える場所。そして、焼いている間、遺族たちから亡くなった人の話を聞くことができる。体格や骨相の研究にぴったりだったんですね。風呂場では一糸まとわぬ姿が見られるし、リラックスしている状態だと人柄がよく見える。そして髪結い所では、おしゃべりしながら、頭の形を確かめたり、人相をじっくり観察できるというわけです。

この水野南北と、大正時代に活躍した水野義人が、日本の歴史上2大カリスマ占い師なのですが、奇遇にも同じ苗字なんですよね。

もしかして、これから水野という名字の占い師が出現したら、その人はカリスマとして後世に名を残すのではないでしょうか？　3人目の水野となる占い師の登場を期待しています。

トークの魔術で心を操る

ヒトラーの演説テクニック

スピーチや演説が上手な政治家として知られているのはヒトラーです。そのテクニックはすべて、ナチスの宣伝大臣ゲッペルスによって仕込まれたというのは有名な話です。

ヒトラーの演説はたいてい夕方に設定されました。一日の労働を終えて疲れている時間帯は、思考力や判断力が衰えているため、言葉がストレートに届きやすいから。そして、ヒトラーの背後の夕日が後光のように見えることで、カリスマ性を演出することが狙いだったといいます。

ヒトラーは演説開始時間になってもなかなか姿を現さなかったそうです。聴衆の期待感が苛立ちに変わる寸前に登場し、親衛隊が「ハイルヒトラー（ヒトラー万歳）！」と敬礼することで、権威づけをしていきました。

ちなみにマイケル・ジャクソンもこの手法を応用したアーティストです。ステージで動かないマイケルに観客は注目し、約1分が経過したところで突然パフォーマンスが始める……。この演出なら、観客は一気に興奮しますよね。

ヒトラーはまた、「すべての労働者に職とパンを」という短くわかりやすいスローガンで人気を得ました。短いキーワードを演説内で繰り返し、聴衆に訴える手法は、キング牧師の「I have a dream」や、オバマ元大統領の「Change」「Yes, You can」など、多くの例があります。よくも悪くも効果的なんです。

激しいジェスチャーも効果的でした。ただし、説得力をもたせるために、どんなときでも体の軸はまっすぐにキープしていた。これは、テレビ番組のコメンテーターや司会者のみなさんも意識しているテクニックです。

また、第1次世界大戦の賠償に苦しむドイツをけなした後で、祖国は偉大な国家だと褒め称え、民衆の愛国心を煽りました。

この「一度落としてから持ちあげる」緩急のテクニックは、悪徳占い師や新興宗教の勧誘でもポピュラーな手法です。新興宗教はまず、信者候補を缶詰にします。何人もの

〝講師〟が入れかわり立ちかわり現れて小難しい話をして混乱させたところで、別の人が「このままでは破滅に向かいます」と、シンプルでわかりやすい言葉で不安を煽る。その直後、教祖の救済のひと言に、みんな傾倒してしまう。脳にストレスを与えるほど、わかりやすい言葉がストレートに入ってくるシステムを悪用しているのです。

心理を操作したい人にとって、ヒトラーの演説テクニックはとてもいいお手本なんですね。犯罪的な行為への悪用はもちろん厳禁ですが、営業トークやプレゼンに参考になる部分が、確かにあります。

35文字の法則

演説上手な人と比べると、演説下手な人は一文がとにかく長い！　自分が持っている情報をすべて、一気に伝えようとしがちです。熱意は伝わっても、ダラダラと続くメリハリのない話はすぐに飽きられてしまいます。

演説上手な人はシンプルです。

「私には政策があります。今日はそれをみなさんにお伝えします」

「その政策とはズバリ、ほにゃららです！」

というように、一文が35文字以内に収まっている。

これを実践していたのは、スピーチ上手で有名だった小泉純一郎元総理。「感動した!」もそうですが、とにかく言葉を短く切ってしゃべるようにしていたそうです。

NHKのニュース原稿は、意識的に一文を長くても50文字以内で作成しているそうです。さすが公共放送、全国の老若男女に伝わりやすいニュースの構成を意識しているのでしょう。

さらにいえば、35文字は、短歌の31文字とほぼ一緒。日本人にスッと入ってくる、気持ちのいい文字数なのかもしれませんね。スピーチに苦手意識のある人は、話す内容を一度文章に起こして、一文が35文字以内になるように推敲することをおすすめします。

もうひとつ、演説やスピーチで大切なのは、全体の構成や、聞いた際のメリットを最初に提示することです。

「今日は、今年に公開される映画から、絶対に見ておくべき3本を紹介します」

「この3本を見ておくと、今世界で何が起きているのかがわかります」

というように、タイトルや見出しでポイントを示しておけば、聞く側も心構えがしやすくなります。

自分の話に興味を持っていない人を相手にダラダラと話しはじめると、聞き手は「何についての話がいつまで続くのか?」というマイナスの気持ちに襲われ、あら探しをし、伝えたいことが伝わらず、「つまらないスピーチ」という悪印象だけが残ってしまうのです。

左耳から心を揺さぶる

恋愛においても、心理学に基づく会話テクニックは有効です。

一対一の場では、座る位置は「徹子の部屋」スタイルがおすすめです。

真向かいだと対立の図式になるため仲よくなりづらく、隣同士だと顔が見えないから不安になる。そこで、テーブルの角を挟んで90度、ハの字に座ると相手

が一番心を開いてくれるそうです。

会話では「ポジティブ」「ポジティブ」「ネガティブ」「ポジティブ」の順で話すという「ポポネポの法則」を意識するといいと思います。

いくら相手に気に入られたいからといって、最初から最後までポジティブに褒め倒すと嘘くさくなってしまうもの。途中で「相手を思ってのネガティブな苦言」を挟むことで「正直な人」という印象を与えることができるはず。

そして、決定的な告白やお願いなど「ここぞ！」というときは、相手の左側から語りかけてください。左耳から入った情報は右脳（本能）に、右耳から入った情報は左脳（理性）に届きやすいという説があるんです。感情を揺さぶるのは左耳から、です！

これからの都市伝説

再来したオカルトブーム

今はまさに、第3次オカルトブームまっただ中といわれています。

振り返ると、第1次ブームは、『ノストラダムスの大予言』が出版され、当時の日本テレビのディレクター矢追純一さんが作った秘境探検番組やUFO特番が始まった1970～80年代。テレビに超能力者が出演しまくり、UFOや未確認生物が本気で捜索され、心霊ドキュメンタリー番組によって呪いの人形や心霊写真が一般家庭でも恐れられるようになりました。

その後、バブルが弾けて高度経済成長期が終焉した90年代には、未来への不安から終末思想が盛りあがった第2次ブームが始まりました。前世ブームもこのころですね。

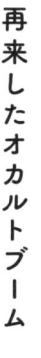

21世紀はしばらく落ち着いていたのですが、10年ほど前からゴールデンタイムのテレビ番組で都市伝説やオカルトを扱うことが増えました。フリーメーソンやイルミナティという言葉が普通に飛び交う番組が放送されているなんて、よく考えたら不思議です。

さらに２０１２年12月のマヤの終末予言を経て、現在に至るまで第３次のブームが続いているといえます。ＮＨＫやスカパー！などでも、ＵＦＯや心霊現象、歴史ミステリーを学術的な見地から考察する重厚な番組が増え、半世紀近くにわたって蓄積されてきたオカルト情報の厚みを感じます。

現在のブームを支えているのは間違いなく若い世代。そして、スマホとインターネットの普及です。ネットによって、地方の噂話や怪談が一気に全国区になり、海外の超常現象も簡単に情報収集できるようになりました。

思えば、アメリカ本土がテロリストに攻撃されるとか、独裁国家が継承争いで暗殺事件を起こすとか、諜報機関が未確認飛行物体や超能力の研究をしていたことを公開するとか、現実がむしろオカルトめいています。10年前なら都市伝説で語られる陰謀論のようなことが、現実に起きています。

デジタル時代のオカルト

今の日本は長引く不景気や格差社会により、将来への希望がただでさえ見出せない状況なので、漠然とした不安を抱えている若い世代とオカルトの親和性はさらに高くなっています。

彼らはデジタルネイティブなので、スマホで気軽に写真や動画を撮り、ネットにアップします。車載カメラや監視カメラが普及し、「何かが映っていた」と、後から発見されることも増えました。素材の絶対数が圧倒的に増えたのです。

オカルト系の番組に呼んでいただくたび、心霊やUFOなどの衝撃映像の数とクオリティに驚かされます。以前だったらディレクターさんが「これでいきます」とほぼ決め打ちで選んであったもので番組制作するんですが、今は打ち合わせで「島田さん、この映像のなかで、まずピンときたものを教えてください」と、選ぶのが悩ましいほど、映像が溢れているんです。実際、うさんくさい映像も多いんですけどね(笑)。

世の中にあふれる超常現象映像には、作り物も多く混じっています。それらを作っているのは未来の映像クリエイターたち。動画共有サイトに自分の「作品」として衝撃映

像をアップすることで、技術やセンスをアピールし、就職活動していることもあると
か。それらもまた、オカルトブームを盛りあげる一助になっていますけど、本物を見た
い気持ちとしてはちょっと困りますね。

救世主は人工知能？

オカルト情報の中には偽情報もあれば真理もあります。激動の時代を生き抜くために
必要なのは、情報をうまく取捨選択することが重要です。
では最後に、人類の未来にまつわる予言を御紹介しましょう。
多くの予言は救いがありません。古今東西の神話を紐解くと、そこには世界の創生が
描かれ、そして、いつか来る滅亡が提示されています。
しかし、究極の救済も予言されています。
それは仏教において救世主といわれている弥勒菩薩《みろく》の到来です。ブッダが亡くなって
から56億7000万年後に弥勒菩薩が現れて世界を救ってくれるという思想ですが、56
億7000万年後はあまりにも遠すぎますよね。
でも、単位を「年」ではなく「人」として考える説があるんです。救済されるべき人

間が56億7000万人に達したとき、弥勒菩薩が現れる……という解釈です。

　地球の人口が56億7000万人に到達したのは1995年あたり。その年に、何が起こったかといえば、世界の構造を根本から変えたWindows95が発売されています。

　Windows95によって爆発的に普及したパソコンがインターネットに接続され、現在は現実社会と並行して、多くの人がネットコミュニティにも生きる時代になりました。ネット上の世界を現実と重ねる技術が進化し、ふたつの世界は融合しようとしています。さらに人工知能が成長することで、人間は「正しい情報」のみならず「的確な判断」すら、コンピュータに依存するようになりつつあります。

　新しい世界の根本的な礎を生み出したWindow

s95こそ、実は弥勒である――。

そう考えてしまうのです。

マイクロソフト（Microsoft）の名前には、「Micro＝ミクロ」が隠されており、それは弥勒《みろく》のアナグラムです。そう思うと、弥勒菩薩が口元に指を当てるポーズは、マウスをクリックする姿にも見えませんか？

少し、壮大すぎる話かもしれませんね。

この話も、ネットのなかに氾濫する都市伝説のひとつだとしたら、真実とはいったい、なんなのでしょうか？

なにを信じるか、どう考えるか、そして、いかに楽しむか。

自分なりのロマンを描いてみてください。

おわりに

都市伝説は世界の鏡

いかがでしたでしょうか? あまりにもいろいろな話があって信じられないこともあるとは思いますが、ともあれロマンを感じていただければ嬉しいです。

この「ロマン」は、この本のもとになった連載の舞台、月刊『ムー』の魅力に重なります。今、大人たちが、現実世界を忘れられるロマンを求めているということだと思うのです。

都市伝説には、点と点が線でつながる気持ちよさがあります。見えなかった世界の核心に迫った気持ちになれた瞬間、ものすごくワクワクするんです。

ひとつひとつはただの噂話でも、組み立てて考えてみると、不思議と筋が通ってしまうことがあります。そんな仮説を立てることができたとき、これまでもやもやと靄がかかっていた世界が、クリアになるんです。それが気のせいでもいいんです。

今は、インターネットで世界中の情報にアクセスできて、SNSで情報の発信や交換がいくらでもできる時代です。だれもが都市伝説を収集し、研究できます。

氾濫している膨大な情報は、すべてが噂話でしょうか？　実は真相にたどり着いている都市伝説もたくさんあると思います。

世界中で複雑に絡み合った情報が、推測と仮説によって都市伝説に練り上げられ、そして、それが、世の中に隠されてきた秘密を暴くことになっている——。

そう考えると、ますますワクワクします。

都市伝説は時代を映す鏡です。世の中の人が何に興味をもっていて、逆に、何に不安を抱いているかが如実に反映されます。世間で流行する都市伝説は、「こうだったらいいのにな」という願望が押し上げているように思います。

はたして、この先の世界はどうなるでしょうか？　そんな予言も、都市伝説ブームを見ていると、わかるかもしれませんよ。

何が起こるかわからない激動の世の中で生まれていく都市伝説を、これからも追いかけていきます！

島田秀平

筆者　島田秀平（しまだ しゅうへい）
1977年12月5日生まれ。運命数「5」。長野県長野市出身。ホリプロコム所属。お笑い芸人。2002年から占い師「原宿の母」に師事し、手相をはじめとした占いの修業を積んで「代々木の甥」の名を授かる。2007年から始まった都市伝説トークライブ「首都神話」を毎月主催し、2012年に「稲川淳二の怪談グランプリ」で優勝。占い、パワースポット、開運法、怪談、都市伝説など多岐にわたってオカルト研究を重ねている。著書に『島田秀平の幸せ引き寄せ手相占い』（河出書房新社）、『島田秀平が3万人の手相を見てわかった！「強運」の鍛え方』（SB新書）、『島田秀平と行く！全国開運パワースポットガイド決定版!!』（講談社）、DVDに『島田秀平の怪談奇談』（ハピネット）などがある。

島田秀平のスピリチュアル都市伝説

2017年5月9日　第1刷発行

著　者　島田秀平
発行人　鈴木昌子
編集人　吉岡勇
企画編集　三上丈晴
発行所　株式会社学研プラス
〒141-8415 東京都品川区西五反田2-11-8
印刷所　中央精版印刷株式会社
製本所　中央精版印刷株式会社

◆この本に関する各種お問い合わせ先
【電話の場合】
◎編集内容については、Tel.03-6431-1506（編集部直通）
◎在庫、不良品（落丁、乱丁）については、Tel.03-6431-1201（販売部直通）
【文書の場合】
〒141-8418 東京都品川区西五反田2-11-8
学研お客様センター『島田秀平のスピリチュアル都市伝説』
◆この本以外の学研商品に関するお問い合わせは下記まで。
Tel.03-6431-1002（学研お客様センター）

学研の書籍・雑誌についての新刊情報・詳細情報は、下記をご覧ください。
学研出版サイト　http://hon.gakken.jp/